CIRCUITOS DA SOLIDÃO

Blucher

CIRCUITOS DA SOLIDÃO

Entre a clínica e a cultura

Bernardo Tanis

3ª edição

Circuitos da solidão, 3. ed.

1ª edição, 2003; 2ª edição, 2004
Editora Edgard Blücher Ltda.

Publisher Edgard Blücher
Editor Eduardo Blücher
Coordenação editorial Rafael Fulanetti
Coordenação de produção Ana Cristina Garcia
Preparação de texto Ariana Corrêa
Diagramação Mônica Landi
Revisão de texto Equipe de produção
Capa Juliana Midori Horie
Imagem da capa Equipe Editora Blucher

Blucher

Rua Pedroso Alvarenga, 1245, 4º andar
04531-934 – São Paulo – SP – Brasil
Tel.: 55 11 3078-5366
contato@blucher.com.br
www.blucher.com.br

Segundo o Novo Acordo Ortográfico, conforme 6. ed. do *Vocabulário Ortográfico da Língua Portuguesa*, Academia Brasileira de Letras, julho de 2021.

Dados Internacionais de Catalogação na Publicação (CIP)
Heytor Diniz Teixeira, CRB-8/10570

Tanis, Bernardo
Circuitos da solidão : entre a clínica e a cultura / Bernardo Tanis. – 3. ed. – São Paulo : Blucher, 2025.

184 p. : il.

Bibliografia
ISBN 978-85-212-2625-3 (Impresso)
ISBN 978-85-212-2626-0 (Eletrônico – Epub)
ISBN 978-85-212-2623-9 (Eletrônico – PDF)

1. Psicanálise. 2. Solidão. 3. Subjetividade. 4. Psicanálise e cultura. 5. Clínica psicanalítica. I. Título.

CDU 159.964.2

Índice para catálogo sistemático:
1. Psicanálise CDU 159.964.2

A Noa, Adele e Vicente.

Conteúdo

Apresentação

Caro leitor, este livro é fruto de uma série de inquietações originadas na clínica cotidiana e em várias manifestações da nossa cultura. A motivação que ganhou expressão na metáfora: visitador de solidões, resultou em uma tese de doutoramento defendida no programa de Pós-Graduação em Psicologia Clínica da Pontifícia Universidade Católica de São Paulo (PUC-SP), cujo texto apresento aqui com pequenas modificações.

Desenvolvi um estudo sobre solidão, suas raízes na cultura, sua emergência na literatura e na clínica cotidiana. Duas ideias principais nortearam este trabalho: a) a importância dos processos de subjetivação na modernidade e em nossos dias, os modos particulares que imprimem às vivências de solidão e os desafios resultantes desses processos para a clínica psicanalítica; e b) a polissemia da solidão, a multiplicidade de suas formas, significados e estados afetivos como observados e compreendidos pela psicanálise.

A primeira me conduziu a pesquisar a história da solidão no Ocidente, especialmente no período da modernidade. Recorri à literatura desse período, entendendo-a como espaço no qual a crise do indivíduo moderno e a solidão na sua polissemia ganham expressão.

A segunda foi desenvolvida a partir da metáfora "circuitos da solidão", como instrumento heurístico para investigar as solidões e compreendê-las à luz dos conceitos desenvolvidos pelas diferentes teorias psicanalíticas. Destaquei o papel central que a solidão ocupa na dinâmica psíquica.

Logo voltei-me para a solidão e o mal-estar na atualidade, procurando retomar o aspecto híbrido deste livro: o psicanalítico imbricado no social e cultural. Constatei, como muitos, que hoje a solidão se agudiza e demanda respostas urgentes. A solidão revisitada na perspectiva deste trabalho recupera a história social encriptada no sujeito individual, o que nos permite ampliar a perspectiva do ato psicanalítico. Apontamos, assim, na direção de uma singularização da clínica das solidões que pode auxiliar na recuperação do potencial transformador e criativo da solidão, tanto no campo da subjetividade individual como no corpo social.

O leitor encontrará nesta obra breves narrativas clínicas necessárias para explicitar certos processos. As histórias foram transformadas a ponto de dificultar qualquer identificação. Conforme apresentadas, ilustram mecanismos psíquicos na sua universalidade. Nesse sentido, podem ser encaradas como material de ficção, no qual muitas vezes nos reconhecemos e vemos retratados nossos comportamentos, conflitos e emoções.

Não poderia encerrar esta apresentação sem registrar meu agradecimento às pessoas que tornaram esta empreitada possível. Em primeiro lugar a Renato Mezan, orientador e amigo, pela confiança sempre renovada, liberdade concedida, apoio e orientação. Aos amigos, colegas, professores e alunos das diferentes instituições psicanalíticas das quais participo e com os quais tenho, ao longo de anos, trocado experiências e compartilhado minhas inquietações e dúvidas: Sociedade Brasileira de Psicanálise de São Paulo, Departamentos de Psicanálise e Psicanálise da Criança do Instituto Sedes Sapientiae e Curso de Especialização em Teoria Psicanalítica da

Coordenadoria Geral de Especialização, Aperfeiçoamento e Extensão (COGEAE-PUC I-SP). A Berta Waldman pelo interesse e ricas sugestões de leitura.

A Maíra, companheira, pelo nosso amor, pela sua paciência e leitura solidária e atenta dos originais. A meus filhos, Daniel e Ana, pelo estímulo, pelo amor que lhes devoto e porque encarnam meu desejo por um futuro melhor. A meus familiares e amigos que sempre estiveram próximos com seu carinho e estímulo.

A meus analistas e supervisores que me auxiliaram a transitar pelas minhas solidões e pela dos meus analisandos sem invadi-las.

Ao CNPq pela bolsa de estudos concedida que possibilitou a realização da tese. À banca examinadora professores doutores: Fábio Herrmann, Luis Claudio Figueiredo, Nélson da Silva Junior e Yudith Rosembaum, pela leitura atenta e ricas sugestões. Finalmente à Fapesp pelo auxílio na primeira publicação deste texto.

Prefacio à 3ª edição

Circuitos da solidão: entre a clínica e a cultura retorna, em sua terceira edição, em um momento de particular ressonância. Vinte anos após a primeira publicação, em 2004, a temática da solidão ganha uma nova e pungente relevância à luz dos eventos globais recentes, especialmente a pandemia de covid-19.

Quando *Circuitos da solidão* foi originalmente concebido, já se percebia uma crescente agudização da solidão na cultura contemporânea, influenciada por uma "tecnologia massificante e por saídas narcísicas". Esta obra, fruto de uma tese de doutoramento defendida na PUC-SP, buscava explorar as raízes culturais da solidão na modernidade, sua emergência na literatura e suas manifestações na clínica psicanalítica.

Hoje, essa constatação ecoa com uma intensidade ainda maior. A pandemia de covid-19 impôs ao mundo um isolamento em massa, forçando indivíduos e famílias a confrontarem a solidão de maneiras inéditas e dolorosas. As restrições sociais, o distanciamento físico e a incerteza generalizada exacerbaram sentimentos de isolamento, desamparo e perda, tornando a solidão uma experiência quase universal.

Abordamos a "polissemia" da solidão, a multiplicidade de suas formas, significados e estados afetivos. Não se trata de uma visão única; exploramos a solidão em suas diversas nuances: desde o isolamento imposto pelo poder, a solidão do sonhador e do contestador, até a solidão da diferença, de estar só em meio à multidão. Essa diversidade de perspectivas é crucial para compreender a complexidade da experiência de ser na solidão.

Os "circuitos da solidão" propostos pelo autor – solidão e separação; solidão e manifestações do narcisismo; e solidão e identificação – oferecem um arcabouço valioso para analisar não apenas o impacto da pandemia na subjetividade, mas os diferentes modos de experimentar o isolamento. A dor da separação de entes queridos, a exacerbação de traços narcísicos em um mundo focado no individual e a busca por novas formas de identificação em um cenário incerto são apenas alguns exemplos de como essa reflexão ainda se mantém viva e relevante, apesar de também poder ser ampliada por novas reflexões que ficarão para outro momento.

Além disso, a discussão sobre o mal-estar na contemporaneidade e o conceito freudiano de desamparo ganham um peso dramático. As condições de atomização da subjetividade se agudizaram nestes últimos anos no contexto da sociedade neoliberal. Nesse cenário, a valorização extrema da individualidade, a competição acirrada, a flexibilização das relações de trabalho e a precarização dos laços sociais contribuem para a fragmentação do indivíduo, tornando-o cada vez mais isolado em sua busca por sucesso e reconhecimento. O foco no desempenho e na autossuficiência exacerba o narcisismo e dificulta a formação de vínculos profundos, substituídos por conexões superficiais e efêmeras. A "insuportável solidão imposta" pela covid-19 ressalta a urgência de retomar a "solidão revisitada" como um potencial transformador e criativo, tanto no campo da subjetividade individual quanto no corpo social.

Vinte anos depois, *Circuitos da solidão* não se propõe a ser um livro que oferece um panorama abrangente da solidão, e sim a se tornar uma ferramenta para refletir sobre as profundas transformações em curso e os desafios impostos pela experiência coletiva de isolamento e perda. Sua republicação é um convite a um diálogo contínuo entre a clínica psicanalítica e a cultura, em busca de novas formas de compreender e lidar com a solidão em um mundo em constante mudança.

Bernardo Tanis

Introdução

A força e a intensidade com a qual meus pacientes exteriorizam seus sentimentos de solidão e isolamento no contexto transferencial me mobilizaram a estudar esse assunto em maior profundidade. Filmes como: *Felicidade* (*Happiness*, do diretor Todd Solondz, 1998), *Denise está chamando* (*Denise calls up*, de Hal Salwen, 1995), *Festa de família* (*Festen*, de Thomas Vinterberg, 1998), revelam certos padrões subjetivos que convocam nossa atenção e nossa interrogação. Eles contribuíram para reforçar minha determinação em abordar esta temática. Não se tratam apenas de críticas à sociedade contemporânea, ou denúncias da hipocrisia da classe média, ou de seus costumes. Aludem muito mais a uma atomização da sociedade, a uma incapacidade de comunicação, a uma certa falência da linguagem, a um regime de atos compulsivos, sexuais ou outras adições.

A imagem alienada e solitária das personagens denuncia a solidão nas grandes cidades. As angústias não encontram contenção a não ser em atos compulsivos das personagens. Estas guardam uma surpreendente semelhança com muitos analisandos, na minha clínica ou em relatos feitos por colegas. Vivências de desencontro, sentimento mórbido de solidão e desamparo, desesperança melancólica, sexualidade maníaca. Nossa cultura globalizada das grandes cidades parece ter homogeneizado a subjetividade.

Não é um tema fácil de abordar. Várias vezes estive a ponto de desistir, apesar do enorme interesse e da riqueza das leituras e experiências. Não é fácil porque estamos mergulhados nele. Não se trata de um conceito ou de um fenômeno do qual podemos guardar uma distância muito objetiva, uma neutralidade científica. O tema nos convoca a um contato direto com o outro de nós mesmos. Só pela figuração especular desse sentimento estranhamente familiar poderemos construir uma abordagem psicanalítica da solidão que possa trazer certa luz para nossa clínica. Não só como indivíduos, a solidão nos é conhecida, mas também como analistas, ocupando esse lugar que nos demanda uma singular relação com o próprio desejo.

A análise é para muitos um ato de confiança. Ao abrir as portas de suas solidões, os analisandos transpuseram barreiras inomináveis na busca de uma experiência analítica. Depositaram nessa a esperança de que, talvez na presença de um outro, poderiam conquistar um convívio menos destrutivo com a própria solidão. Esperança sem a qual não há análise possível. Quero dizer, caro leitor, que este livro está enraizado na intensidade de minha experiência clínica, embora não faça uma excessiva explicitação dela.

Evidentemente, a solidão não é um fenômeno recente. Sua presença em nossas vidas é de tamanha importância que muitos a destacam como condição existencial do ser humano.

A solidão se expressa em uma multiplicidade de estados. Do isolamento voluntário à exclusão. Da solidão do exílio, do imigrante, do estrangeiro àquela de quem se sente rejeitado e incompreendido na sua própria terra. Da solidão do gênio, da alienação. Da solidão do corpo, do qual emana a singularidade. Do angustiante sentimento de solidão à solidão como reencontro com o self, fonte de criatividade e liberdade. Múltiplas solidões solicitam abordagens investigativas diferentes. Tanto a filosofia, como a sociologia e antropologia tematizaram a solidão. Também o fizeram a literatura, o cinema e outras artes. Acompanharemos principalmente sua emergência discursiva desde a Modernidade e as formas pelas quais parece se configurar na atualidade. Foi a partir desta, como nos mostra Peter Gay (1999) no seu valioso estudo sobre a Modernidade, que novas formas da subjetividade se configuram e por meio delas a solidão, como experiência do Eu, se manifesta e se faz ouvir.

A psicanálise, produto dessa mesma cultura, inventa um dispositivo, que, ao lado da poesia, dos diários íntimos, das outras manifestações artísticas, dará ouvido àqueles, cuja solidão estava excluída, confinada ao campo da alienação mental.

A ênfase dos estudos psicanalíticos tem sido no sentimento de solidão experimentado como estado de angústia, que visa ser superado à medida que se torna insuportável para quem o padece. Rosalato (1974) caracteriza a solidão como um sentimento penoso e doloroso de uma carência que faz referência aos outros.

Foram poucas as vozes na psicanálise que viram na solidão não apenas a expressão de angústia e nostalgia de uma completude perdida, mas também a possibilidade da experiência criativa que dela emerge.

Distante de ter um estatuto conceitual na psicanálise, essas solidões parecem não ter o lugar que merecem na nossa disciplina. Alguns analistas contribuíram com interessantes trabalhos sobre o tema, mas uma reflexão mais abrangente e o destaque de sua relevância na vida psíquica se torna imperiosa, a nosso ver, nos dias de hoje.

Os trabalhos daqueles que transitaram por essas paragens serão nossos companheiros de viagem nessa empreitada, qual seja, visitar algumas solidões e compreender os circuitos pelos quais transitam.

Como visitador não pretendo inventariar nem classificar solidões. Também não serei um colecionador. Há na solidão e na multiplicidade afetiva que a acompanha uma riqueza polissêmica que não desejo ordenar nem saturar conceitualmente.

Peirce, fundador da moderna Semiótica, ao estudar os signos em geral e o símbolo em particular destaca que o seu processo de formação não ocorre descontextualizado. Pelo contrário, a cultura, como contexto indissociável, estará sempre presente no processo de simbolização, logo na estruturação da subjetividade individual (Cf. Peirce, como citado em Santaella, 1995, p. 50).

Os diferentes contextos histórico-culturais ganham poder estruturante no binômio subjetividade-solidão. Assim, essa abordagem nos auxiliará também na compreensão da questão da solidão no mundo contemporâneo, dominado por uma tecnologia massificante e por saídas narcísicas. Procurarei apontar algumas correlações entre certas características, traços da nossa cultura e a experiência da solidão.

A distinção feita por Mezan sobre o termo subjetividade pode ser compreendida como experiência de si ou como condensação de uma série de determinantes. É a segunda acepção que nos interessa no momento, na medida em que situa o que entendemos por contexto:

> *Isto significa que nos interessamos pelos fatores que, combinados, engendram uma modalidade específica de organização subjetiva, um molde para as experiências individuais. Estes fatores são por natureza extra individuais, o que quer dizer que a subjetividade é resultado de processos que começam antes dela e vão além dela, processos que podem ser biológicos, psíquicos, sociais, culturais etc. Por isto, pode-se concebê-la como condensação ou sedimentação, num dado indivíduo, de determinações que se situam aquém ou além da experiência de si, e que de algum modo a conformam, ou pelo menos lhe designam certos limites e condições. (Mezan, 2002, p. 259)*

Essa perspectiva é suficientemente ampla e esclarecedora para destacar esse movimento que vai do mundo para o Eu individual, e contribuir para sua conformação. Sem cair nas teorias ultrapassadas que opõem psique e mundo, ora vendo o segundo como projeção do primeiro, ora vendo a primeira como determinada exclusivamente pelas forças do segundo.

Freud fala da psicanálise como método de tratamento e teoria sobre o desenvolvimento e funcionamento do sujeito e como método de pesquisa. Gostaria de destacar o aspecto da pesquisa em relação aos outros dois formulados por Freud. Isso nos parece fundamental nos dias de hoje. Muitos adotam algumas das teorias produzidas sobre o sujeito, a partir da clínica psicanalítica, como um saber fechado a ser aplicado na experiência clínica. Outros, diante das demandas crescentes de soluções mágicas ou imediatistas, renunciam ao potencial transformador das práxis psicanalíticas e reforçam os campos das curas psiquiátricas ou os modelos adaptativos e ideológicos. Desse modo, a psicanálise se esvazia de seu papel questionador e heurístico da cultura.

Em contrapartida, a psicanálise readquire seu poder heurístico, em nossa perspectiva, como instrumento metodológico. Em outras palavras, não se trata tanto de um saber, mas de um fazer saber, como há muitos anos já dissera Regina Schnaiderman (1984). De orientar uma escuta em direção ao desconhecido do desejo inconsciente. Desejo que não se encontra determinado biologicamente, mas que se constitui como tal em um campo relacional face ao próprio corpo e ao semelhante. Esse vértice é fundamental como ponto de partida para abordar psicanaliticamente certos aspectos da contemporaneidade. Isso permitirá o diálogo com a sociologia, a antropologia, a história etc., levando em consideração a singularidade metodológica da psicanálise, evitando efeitos redutores ou culturalistas.

Não cabe dúvida quanto à competência e à contribuição da psicanálise para a compreensão e transformação de subjetividades singulares e do sofrimento psíquico. Apesar das limitações e do próprio ceticismo de Freud, inúmeras pessoas se beneficiaram dessa prática e ela transformou a compreensão do homem ao apontar a dimensão inconsciente do desejo, das forças psíquicas que o governam, quebrando a ilusão de uma mente governada pura e exclusivamente pela consciência.

A agenda psicanalítica hoje vai além, e isso é testemunhado pelo crescente número de analistas que têm estudado o campo social, e implica a complexa relação entre o subjetivo individual e o social.

> *Isto significa que, no problema que nos concerne, que o problema psicanalítico deve ser formulado assim: de que modo o indivíduo, portador da realidade psíquica que a psicanálise é competente para investigar, se constitui e a constitui a partir de condições que não são psíquicas, mas que se situam aquém e além da psique? (Mezan, 2002, p. 266)*

Essa agenda também foi expressa por Figueiredo, que há vários anos se dedica com muito empenho ao estudo dos processos de subjetivação:

> *Os estudos e pesquisas por nós realizados dedicam-se, prioritariamente, aos processos de subjetivação/de-subjetivação singularizastes em contextos socioculturais específicos – particularmente os da Idade Moderna e os da modernidade tardia no Ocidente e no Brasil – e aos processos de singularização implicados e associados na clínica psicanalítica. A grande questão, porém, é a de pensarmos os cruzamentos destas duas linhas de pesquisa, o que nos conduz tanto a uma "clínica do social" como a interpretações socioculturais da clínica psicanalítica. (Figueiredo, 2002)*

Essa brevíssima consideração metodológica é necessária para situar o crescente interesse e necessidade de avançar nesse terreno, assim como constatar a complexidade que o envolve. Salientamos que nossa área de atuação é a psicanálise e sua clínica, dela partimos com interrogantes e para ela retornamos trazendo na nossa bagagem frutos desses diálogos com pesquisadores de outras disciplinas. Da mesma forma, esperamos que nossas contribuições possam ser úteis e enriquecedoras para o movimento que vai da clínica para a cultura.

Duas teses centrais norteiam este trabalho:

1. A importância dos processos de subjetivação na Modernidade e em nossos dias, os modos particulares que imprimem às vivências de solidão, e os desafios resultantes para o psicanalista.

2. A polissemia da solidão, a multiplicidade de suas formas e significados, seja ao longo da história seja nos estados afetivos como observados e compreendidos pela psicanálise.

A primeira conduziu a uma pesquisa, apresentada de modo sintético no Capítulo 1, dos aspectos históricos da solidão no Ocidente, destacando a emergência da noção de indivíduo na Modernidade. Destaquei a importância da passagem de uma sociedade holística para uma na qual o indivíduo como valor refunda o social. O racionalismo e o liberalismo glorificaram esse indivíduo que desfizera as amarras que o oprimiam em um universo social com lugares determinados. Mas esse indivíduo e sua representação no Eu entram em crise na modernidade tardia. As promessas não se cumpriram, alguns movimentos, como o Romantismo, se constituíram como revolta face ao desencantamento do mundo e à ditadura da razão instrumental, o liberalismo econômico levou a uma opressão das massas. Surgiram os movimentos revolucionários, o Eu e a consciência foram assombrados por forças inconscientes. Marx, Freud e Nietzsche, cada um no seu território, como faz notar Birman (2000), apontam a crise da modernidade.

Desse rico e vivo contexto, recorri à literatura e selecionei contos (como é difícil escolher!), que parecem revelar alguns dos impasses do indivíduo no fim do século XIX e início do século XX. Esses contos estão apresentados no Capítulo 2, "Manifestações da solidão". Privilegiei, na seleção, impasses e crises do Eu, que aludem à solidão de diferentes modos. Não pretendo sustentar a tese de que a crise da modernidade implica solidão de modo direto e automático, mas, sim, destacar que esses autores, consagrados e extensamente analisados pela crítica literária, revelam nessas obras algo assim como um espírito de um tempo, no qual a solidão ganha certas configurações particulares.

A leitura dos contos é feita em três momentos: a primeira, no ato de sua apresentação na medida em que foi necessário apresentá-los ao leitor. Optei por narrar e citar alternadamente, obviamente isso não substitui sua leitura, mas acredito que preenche o objetivo de não ser um estudo literário. Exceção feita à narrativa de Kafka, que, por seu estilo particular, preferi, apenas na primeira leitura, citar sem narrar. A segunda leitura é feita nos comentários que se seguem a cada conto. Nos quais procurei reconhecer aspectos da solidão sugeridos e apreendidos pela leitura, bem como evocar outras solidões que a leitura dos contos trouxe à memória. Trata-se de uma via associativa livre, sem intenção de analisar essas solidões. Essa segunda leitura teve também a função de destacar pontos que abriram caminho para a formulação de questões psicanalíticas sobre a solidão, tratadas no Capítulo 3, "Solidão e psicanálise". A terceira leitura está na seção "Circuitos da solidão", em que o material dos contos passa a se misturar com narrativas de casos clínicos, tornando-se disparador de uma reflexão metapsicológica sobre a solidão.

O Capítulo 3 tem um cunho psicanalítico propriamente dito. Desenrola-se a partir de uma estratégia específica: a construção da metáfora de "circuitos da solidão", decorrência direta de minha tese sobre a sua polissemia. Usei esses circuitos como recurso heurístico para pesquisar a solidão nas suas diferentes modalidades com base em conceitos psicanalíticos fundamentais. Isso não só foi necessário, como provou ser uma estratégia fecunda para mostrar como a solidão se encontra vinculada aos principais processos do psiquismo humano.

Esses circuitos não esgotam o estudo das solidões. Por motivos de abrangência, muitas solidões, como a do estrangeiro, dos excluídos, deficientes, artistas, gênios, doentes terminais, velhos etc. não foram trabalhadas. Acredito na fertilidade da ideia dos circuitos que aponta para metapsicologias regionais, um dos destinos, em minha perspectiva, para a investigação psicanalítica sair dos grandes modelos e investigar regiões da subjetividade valendo-se de instrumental metapsicológico disponível ou desenvolvendo novos conceitos, quando os que estão a nosso dispor não dão conta do fenômeno.

No quarto e último capítulo, "Solidão e mal-estar", procuro retomar o duplo aspecto do trabalho: o psicanalítico imbricado no social. Busco compreender alguns modos pelos quais, em nossos dias, a solidão se agudiza e demanda respostas urgentes dos indivíduos. Recorri à noção freudiana de desamparo para compreender a angústia do sujeito contemporâneo e me apoiei nas análises de Giddens, Lasch e Sennett, entre outros, para compreender algumas características do atual desenvolvimento da sociedade e alguns modos de subjetivação nela vigentes, como sociedade do espetáculo e narcisismo. Na análise sobre o mal-estar na contemporaneidade, destaquei a retomada por Joel Birman da noção freudiana de gestão do desamparo, do pensamento de Winnicott, suas ideias sobre localização da experiência cultural, ambas referências importantes para compreender o indivíduo nas culturas.

Esse aspecto permitiu um retorno para a psicanálise com um instrumental rico e consistente que poderá auxiliar como agenda futura para novas pesquisas e para uma singularização da clínica das solidões.

Se este livro estimular novas pesquisas sobre o tema e, para aqueles que fazem da psicanálise sua inquietação e ofício, despertar uma memória sonhante, capaz de ativar um potencial evocativo para a função analítica, estarei satisfeito.

Este trabalho propiciou a oportunidade de me deparar ao longo das trilhas com muitos caminhantes solitários; personagens literários, autores e pacientes. Alguns se farão presentes no decorrer deste escrito, muitos outros estimularam meu pensamento, mas não constarão explicitamente no trabalho. Estive com eles, ouvi suas histórias, mergulhei em algumas como se fossem minhas, outras resultaram-me distantes, mas não menos intrigantes. Convido você, leitor, a transitar por algumas dessas paragens solitárias, mas nada desoladas, da subjetividade.

1. Solidão e subjetividade

O homem das épocas anteriores encontrava-se na dependência de poucos outros homens, mas estes outros eram individualmente bem definidos e impermutáveis, enquanto hoje em dia dependemos muito mais de fornecedores, mas podemos permutá-los a nosso bel-prazer. Precisamente uma tal relação tem de gerar um forte individualismo, pois não é o isolamento em si que aliena e distancia os homens, reduzindo-os a si próprios. Pelo contrário, é uma forma específica de se relacionar com eles, de tal forma que implica anonimidade e desinteresse pela individualidade do outro, que provoca o individualismo.

(Simmel, *O dinheiro na cultura moderna*,1896)

Considerações gerais

Os estudos sobre a subjetividade moderna e principalmente as transformações na subjetividade são objeto de interesse de várias áreas do conhecimento, até mesmo da criação de novos campos de pesquisa. Do pioneiro trabalho de Norbert Elias, *O processo civilizador* (1985/1994a), às arqueologias de Foucault, passando pelo estudo da infância por Ariès, às ricas pesquisas do grupo de historiadores franceses dedicado à história das mentalidades até os curiosos e interessantes relatos sobre a era vitoriana inventariados por Peter Gay, enfim um sem-número de trabalhos já consagraram a tese de que a subjetividade humana se molda e se transforma ao longo da história.

Ainda estamos longe de tirar todas as consequências e proveitos dessas constatações para a psicologia e as práticas clínicas, entre elas a psicanálise. O que predominou foi o espírito de construtivo e crítico, apontando muitas vezes como as práticas clínicas se consideravam a-históricas e estavam impregnadas de ideologia. Isso, sem dúvida, foi importante em um primeiro momento, pois favoreceu a percepção de até que ponto analistas e outros profissionais da psicologia reificavam seus conceitos ou universalizavam suas teorias indiscriminadamente.

No entanto, nos dias de hoje, sujeitas à desconstrução de certezas do passado e à profusão de teorias sobre o pós-modernismo, as práticas clínicas parecem estar em busca de sua identidade, seja quanto a seus modelos epistemológicos, seja quanto à própria proposta terapêutica. Diante desse quadro, muitas vezes angustiante e desorganizador, soluções apressadas se proliferam. O significante "contemporâneo" é encontrado em praticamente todos os congressos e cursos oferecidos. Como se, ao falar de psicanálise, sem acrescentar o contemporâneo, estivéssemos falando de alguma prática de um passado remoto. Não ouvimos falar em "química contemporânea" ou "matemática contemporânea". Que fenômeno é esse que está afetando nossa prática e sua representação? Ou, reformulando a questão, será possível para o analista pôr para trabalhar esse imenso manancial aberto pelas ciências sociais e históricas, pelas pesquisas genealógicas? Quando penso em "pôr para trabalhar", parafraseando mais uma vez a já consagrada expressão de Laplanche, não me refiro à maquiagem de acrescentar o "contemporâneo" ao já conhecido, como as montadoras de automóveis o fazem com modelos que já circulam há vinte anos para garantir o mínimo de investimento possível e mais alguns outros de sobrevida. Penso na possibilidade de um diálogo fecundo com a prática clínica e os modelos conceituais e epistemológicos com os quais operam a psicanálise e outras psicoterapias. Essa não é tarefa para uma pessoa, talvez seja o projeto de uma geração, que confrontada com essas questões, não pode se omitir.

Se nos propomos a ampliar o estudo da solidão para além do âmbito específico da psicanálise é porque a consideramos um fenômeno cultural, polifônico e polissêmico, que tem características singulares na modernidade e que seu conhecimento pode trazer um alargamento da compreensão desses estados para o analista e, talvez, esta é minha proposta: enriquecer e aprimorar a compreensão e a clínica desses estados.

Richard Sennett, em um Seminário (proferido com Michel Foucault), apontou seu interesse em estudar a evolução das experiências de solidão como forma de abordar um tema mais amplo e complexo: o desenvolvimento da subjetividade na cultura moderna.

Ainda que não tenha concretizado sua ideia, ele ressaltou as conexões que podem ser estabelecidas entre ambas as esferas, e mais, apresenta de modo irredutível a experiência da solidão como experiência cultural.

Embora a existência da solidão date de tempos remotos, sua experiência obedeceu a diferentes modalidades, assim como seu enfrentamento seguiu diversas estratégias. Ainda mais, o lugar que ocupou e o valor que obteve como experiência subjetiva foram objetos, e ainda o são, de mudanças significativas. No entanto, sua atualidade é inegável, atualidade compreendida nas palavras de Katz (1996): "O que importa é marcar que, pelo fato de alguma coisa nos afetar no presente, isto se impõe como um sinal de que ela insiste em ser examinada, e que o chamado do presente nunca deve ser abandonado" (p. 27).

Talvez a hipótese contida no projeto de Sennett (1974/1998), de conseguir por meio do estudo da solidão estudar a transformação da subjetividade no Ocidente, seja ousada demais. No entanto, parece inegável que estamos diante de uma estrada de mão dupla, em que ambas as direções, da solidão à história da subjetividade e vice-versa, podem se significar reciprocamente. Isso se for plausível a hipótese de que a solidão pode ser uma espécie de instrumento aferidor do Eu, seja no campo da singularidade, seja em um determinado momento histórico.

Sennett (1998) aponta, na sociedade, três tipos de solidão:

a) solidão do isolamento imposta pelo poder;

b) solidão do sonhador, daquele que contesta, se revolta, provocando o temor dos poderosos;

c) solidão que transcende os termos do poder, baseada na ideia de que há uma diferença entre "estar só" e "sentir-se só". Essa solidão é expressa na sensação de estar só entre muita gente, de ter uma vida interior que é mais do que um reflexo da vida dos demais. É a solidão da diferença.

Cada uma dessas solidões, segundo o autor, tem uma história e não poderia ser tomada como um estado permanente ou imutável na cultura ou como invariável da subjetividade humana.

Na França do século XVII, por exemplo, o exílio era concretizado pelo desterro para o campo.

> *is-me, portanto sozinho na terra, tendo apenas a mim mesmo como irmão, próximo, amigo, companhia. O mais afetuoso dos humanos dela fui proscrito por um acordo unânime. Procuraram nos refinamentos do seu ódio que tormento poderia ser mais cruel para minha alma sensível e quebraram violentamente todos os elos que me ligavam a eles. (Rousseau, 1995, p. 23)*

Como se estivesse complementando as ideias de Sennett, Katz – seguindo a trilha aberta por Foucault – fala-nos de outros solitários excluídos: os loucos, os deficientes, os retardados e os marginalizados.

> *Desde a criação da urbanidade, pela sua impossibilidade de inscrição num mundo comum, loucos e imbecis serão afastados por serem solitários, ensimesmados. Ou seja, atribui-se à sua solidão um estatuto negativo, marcado pela impossibilidade de compartilhar algum projeto grupal ou social. (Katz, 1996, p. 43)*

Aqui se opera uma interessante inversão: aqueles que são solitários, são isolados. Como se esse ser solitário representasse um certo tabu.

Com o desenvolvimento da sociedade industrial e das grandes cidades surgem novas formas de isolamento social. Trata-se da solidão dentro da massa, descrita admiravelmente por Poe, no conto *O homem da multidão*. O alto preço que o indivíduo nascente pagou pelo liberalismo capitalista é analisado nas sociologias de Weber e Simmel.

Na segunda modalidade, vemos o homem rebelde, o sonhador, o construtor de utopias. O sonhador imparcial, na Antiguidade, a quem os poderosos temiam, era Sócrates. Alguém que opôs um ideal a uma ordem estabelecida.

A solidão passa a ser valorizada como reduto, bastião para enfrentar os poderosos ou se precaver da nefasta influência da massa. Como nos mostra em um belíssimo texto, Marton (2000), é na solidão que Nietzsche se entrega às suas reflexões filosóficas para nela criar seguindo seu próprio caminho. Acha nela um espaço profilático e restaurador.

> *Quem sabe respirar o ar dos meus escritos sabe que é um ar da altitude, um ar forte. É preciso ser feito para ele, senão o perigo de se resfriar não é pequeno. O gelo está perto, a solidão é descomunal – mas com que tranquilidade estão todas as coisas à luz! Com que liberdade se respira, quanto se sente abaixo de si! – Filosofia, tal como até agora a entendi e vivi, é a vida voluntária em gelo e altas montanhas. (Nietzsche, como citado em Marton, 2000, p. 98)*

Segundo essa ordenação proposta por Sennett, os dois primeiros tipos de solidão, o da vítima e o do rebelde, são dos que mais ouvimos falar.

O terceiro tipo de solidão, que envolve a separação, a diferença, é abordado pelo autor como aquele que representa uma maior complexidade na sociedade moderna. Concordamos com o autor, pois vemos que é esse o tipo de solidão que surge na clínica psicanalítica e que vem sendo tematizada tanto na literatura como, mais recentemente, na filmografia contemporânea. Sennett enfatiza a importância do estudo dessas solidões para a compreensão da subjetividade moderna e a reflexividade desse estudo. Qual seja, a elucidação das categorias de Eu, indivíduo e sexualidade na modernidade como modalidades históricas de subjetivação que tragam alguma luz para a experiência de solidão.

Vamos lançar um olhar, apenas um olhar, sobre algumas das formas dominantes de solidão ao longo da história, sem pretensão de esgotá-las. Não nos ateremos às categorias apontadas por Sennett – elas nos serão úteis apenas como referência geral. Nossa ênfase estará voltada para a modernidade, em especial, o século XIX.

Solidão na Antiguidade

Desde os tempos bíblicos, certos crimes eram punidos com o exílio. Forma extrema de se isolar o indivíduo de seu meio, do convívio com os semelhantes, castigo muito severo se levarmos em consideração o fato de que não se tratava de uma sociedade globalizada, como nos dias de hoje.

No seu sentido primevo, a solidão se confunde com determinações espaciais, áreas para além dos limites da comunidade. Desertos, ilhas abandonadas, mares distantes são lugares perdidos e perigosos. Como aponta Sayre (2001), um dos piores castigos para um cidadão grego é o exílio, ser posto para fora da polis, longe da família e dos amigos, tornando-se um nômade sem proteção ou habitante de outra polis, sem os mesmos direitos que os outros cidadãos. Mesmo dentro da polis, o cidadão pode experimentar a solidão quando afastado da família ou em função da morte de seus integrantes.

Para os hebreus, a solidão não assume um sentido trágico, pelo contrário, como aponta Sayre, na Bíblia o sentido central da solidão será o deserto. Entretanto, ela o será em um sentido contrário ao dos gregos:

> *Na literatura bíblica, pelo contrário, o deserto é o lugar privilegiado de retiro onde a comunicação direta com Deus é alcançada, e onde o povo Hebreu perseguido está livre do jugo opressor da sociedade pagã. (Sayre, 2001, p. 19, tradução nossa)*

É no deserto que Moisés tem a experiência paradigmática do encontro com Deus e, na solidão da montanha, quando recebe as tábuas da lei. Os posteriores eremitas encontrarão aqui inspiração para buscar, no isolamento, a purificação e o encontro com o divino.

No cristianismo, o pensamento em relação à solidão não é homogêneo. Santo Agostinho (354-430), um marco importante no pensamento cristão, recusa-a:

> *A solidão será condenada como manifestação da limitação, pela não passagem das regras da comunidade dos crentes. Ninguém deve ser solitário, pois se nasce igual em Deus pela união amorosa. Naquele de onde vêm os princípios do entendimento; e a solidão é um negativo, uma falta de ser, pois é pelo amor que os humanos se relacionam uns com os outros. (Katz, 1996, p. 74)*

Mas essa não foi a única tendência no cristianismo. Muitos buscaram diferentes formas de isolamento, procuraram um afastamento maior da vida mundana, no deserto, no afastamento dos homens.

Trata-se dos eremitas.

> *Mais do que resistir às tentações, trata-se de uma experiência de superar os clamores do corpo através do ascetismo. Se por um lado os eremitas acreditam que podem se purificar pelo jejum exaustivo, seu alvo é superar a queda de Adão, é chegar ao tempo pré-adâmico pela inanição. (Katz, 1996, p. 77)*

Nesse contexto, surgem as primeiras abadias, locais nos quais uma pequena comunidade de monges se isola do resto da sociedade e obedece a determinadas regras para o exercício das práticas de isolamento, purificação, meditação. Esses modelos menos drásticos propõem uma certa convivência, restrita, porém, a certos momentos de oração conjunta. São Bento de Núrsia (480-547) codifica a vida monástica e os degraus a serem seguidos para um isolamento progressivo. Percebe-se desde já a importância que a Igreja outorga a um certo controle sobre as práticas do isolamento e os riscos que o afastamento acarreta.

Georges Duby, historiador e pesquisador da Idade Média, procura investigar a possibilidade de se discernir, nos séculos XI e XIII, um espaço privado pessoal (Duby, 1985/1991, p. 504). O autor reconhece uma atitude ambivalente da sociedade feudal frente aos movimentos de isolamento. Aqueles que ousavam procurar esse isolamento eram objeto ora de suspeita, ora de admiração. Então, de um lado temos os possuídos, os loucos, os fora da lei. Eles se arriscavam nos territórios intersticiais, perigosos e ameaçadores nos quais os homens de bem somente transitavam em grupos. Duby sintetiza de modo preciso tanto o aspecto concreto quanto imaginário dessas travessias:

> *Isso explica o papel desempenhado, no vivido e no imaginário, por essa outra parte do mundo visível, as extensões incultas onde já não se encontram nem famílias nem casas, a charneca, a floresta, fora da lei, perigosas e sedutoras, locais dos encontros insólitos, onde quem se aventura sozinho arrisca-se a se encontrar a sós diante do homem selvagem ou da fada. Era nesses espaços da desordem, da angústia e do desejo que se considerava que os criminosos, os heréticos fossem buscar refúgio, ou aqueles que a paixão transportava fora do senso, na desmedida. (Duby, 1985/1991, p. 504)*

Refúgio para aquilo que não tinha espaço no contexto das coerções de uma sociedade de vários grupamentos, mas compacta em cada um deles. Há algo que transbordaria a sociedade medieval e que só encontra lugar no fora. É evidente que Duby já é um autor tocado pelo pensamento psicanalítico quando alude aos "espaços da desordem, da angústia e do desejo", como aquilo que na subjetividade transborda os limites e gera movimentos de ruptura. Talvez seja aqui que encontramos outra atitude da sociedade medieval face ao isolamento – a da admiração.

> *Com efeito, atravessar, voluntariamente ou não, o perigo, tribulação maior que era a solidão, parecia, para os mais fortes, para os eleitos, a ocasião de caminhar para o melhor. (Duby, 1985/1991, p. 505)*

Encontramos aqui o romance de cavalaria, as aventuras que levam a enfrentar perigos e desafios.

Os anacoretas, como apontado anteriormente, constituem um capítulo singular na história do cristianismo. A ascensão espiritual poderia ser atingida pelo retiro, silêncio, rompimento com a mundaneidade. As diferentes ordens monásticas, fundadas desde o século XI, como os cistercienses e os cartuxos, foram atribuindo importância maior à solidão, ao silêncio e ao retiro. Assim, os últimos mais radicais no isolamento.

> *não escolheram apenas retirar-se num deserto mais escarpado, viver entre animais selvagens, na montanha, espaço simbólico da ascensão espiritual; sua regra limitou para todos a vida comum a períodos muito curtos, alguns exercícios litúrgicos, algumas refeições festivas; fora desses episódios, cada religioso encerrado no silêncio de sua própria cabana devia orar e trabalhar como verdadeiro monge, sozinho. (Duby, 1985/1991, p. 509)*

Mas a Igreja não escapa à ambivalência diante desse tipo de prática. Se há o desafio de enfrentar as tentações na solidão, esta também implica riscos de independência e heresia.

Esse movimento dentro do clero começa a reverberar no mundo secular por meio de um processo lento, mas progressivo, de interiorização do diálogo religioso, até então mediado pelos príncipes da

Igreja nas orações públicas, e levará os fiéis a serem convocados a uma responsabilidade individual. Começando pela nobreza, esse processo atingirá também o povo. Pelo sacramento da eucaristia todos os fiéis colocam no seu interior o corpo de Cristo, tornando o próprio corpo engrandecido por esse ato. O ato da penitência, outrora praticado publicamente, a partir do Concílio de Latrão (1215), passa a ser obrigatório para os fiéis pelo menos uma vez ao ano. Mas o ato era realizado em privado. Vemos que esses movimentos, se bem instauram um certo controle das crenças pela Igreja, contribuem também para criar uma esfera de intimidade e reflexão individual, que atingirá maior expressão e desenvolvimento na época moderna.

O que interessa mais especificamente para este livro é o papel crucial que a solidão desempenha para o surgimento dessa esfera subjetiva, chamada intimidade. Poderíamos usar a imagem de uma dobradura que se produz no campo geográfico e social medieval e que captura em toda sua complexidade e ambivalência, uma esfera de experiências que constituirão a semente do Eu moderno, do qual o indivíduo renascentista será sua grande expressão. A solidão, experimentada como estado, mais do que como sentimento, na Antiguidade, parece ter um papel germinativo, produtor de subjetivação. É o lugar onde o sujeito é lançado ao abismo do desconhecido e do qual emerge transformado. Do místico ao louco, passando pelo sábio e o devasso, as possibilidades se multiplicam. Por isso, ela é temida, mas também é objeto de admiração e desejo.

Solidão e modernidade: a emergência da individualidade

A modernidade, cuja origem remonta ao Renascimento, é cenário de grandes transformações. Mudanças na organização social, política e econômica, mas também no campo das ideias, nas representações do mundo e do homem, na vida rural e urbana.

Há um consenso de que com o Renascimento italiano surge a noção de indivíduo. Isso já o fizera notar Simmel (1998b):

> *É uma opinião socialmente aceita entre os europeus o fato de que a Renascença italiana produziu aquilo que chamamos de individualidade – a superação tanto interna quanto externa do indivíduo das formas comunitárias medievais que conformavam a forma de vida, a atividade produtiva, os traços de caráter dentro de unidades niveladoras, fazendo desaparecer os traços pessoais e impossibilitando o desenvolvimento da liberdade pessoal, da singularidade própria de cada um e da [autorresponsabilidade]. (p. 217)*

A emergência da individualidade, o cultivo do Eu ou, como diria Norbert Elias (1994b), a inclinação da balança em direção ao Eu em contraposição aos nós, os seus correlatos – intimidade e discursos sobre si mesmo –, constituem um processo que adquire força expressiva e se estrutura a partir do Renascimento. Os "Ensaios" de Montaigne (1533-1592) são reconhecidos como uma das mais importantes e fundantes tentativas do homem ocidental procurar se estudar e se conhecer. O Eu, passa a ser o foco de reflexão e a fonte de conhecimento. A individualidade ganha novo impulso e novas modalidades de expressão no século XIX com o ocaso do Antigo Regime absolutista, a intensificação da industrialização e o desenvolvimento das grandes metrópoles. Atinge expressão literária e filosófica com o Romantismo até desembocar no indivíduo isolado na multidão, no século XIX.

Assim como o Eu passa a ocupar um lugar de destaque nesse longo processo de subjetivação, a solidão, essa complexa mistura de estado e sentimento, adquire novas formas e significados. Eu, individualismo e solidão são noções estreitamente vinculadas. O que chama nossa atenção é que não verificamos necessariamente uma substituição de sentidos, pelo contrário, há um alargamento na sua valência polissêmica. Mas não nos precipitemos em conclusões apressadas. Retomemos nosso eixo principal: as transformações subjetivas e o seu impacto na forma de experimentar a solidão.

Será principalmente na discriminação entre as esferas do público e do privado que muitas dessas mudanças terão origem. Essa discriminação não surge de imediato, ela se constrói progressivamente e é prenhe de consequências para o advento do homem psicológico. Philippe Ariès (1986/1991), em *Por uma história da vida privada*, aponta referências fundamentais para compreender as transformações da esfera privada a partir do fim da Idade Média até o século XIX.

Farei uma breve síntese desse texto, dada sua relevância para o tema de estudo. No ponto de partida, no término da Idade Média,

> *encontramos um indivíduo enquadrado em solidariedades coletivas, feudais e comunitárias, no interior de um sistema que funciona mais ou menos assim: as solidariedades da comunidade senhorial, a solidariedade entre linhagens, os vínculos de vassalagem encerram o indivíduo ou a família em um mundo que não é nem privado nem público no sentido que conferimos a esses termos, ou no sentido que lhes foi dado na época moderna. (Ariès, 1986/1991, p. 8)*

Em contrapartida, no século XIX:

> *a sociedade se tornou uma vasta população anônima, onde as pessoas já não se conhecem. O trabalho, o lazer com a família são doravante atividades separadas em compartimentos estanques. O homem procura proteger-se dos outros e para isso lança mão de dois recursos: 1) o direito de escolher {ou pensar·que escolhe} mais livremente*

> *sua condição, seu estilo de vida; e 2) o recolhimento junto à família, transformada em refúgio, centro do espaço privado. (Ariès, 1986/1991, p. 9)*

Essa passagem e as transformações subjetivas que a acompanham é objeto das suas pesquisas. O autor aponta três fatores determinantes para o início das transformações:

1. novo papel do Estado a partir do século XV;
2. desenvolvimento da alfabetização e a leitura: "ela permite uma reflexão solitária que de outro modo teria sido mais difícil fora dos espaços piedosos, dos conventos ou das ermidas, equipados para a solidão" (Ariès, 1986/1991, p. 10). Destaca principalmente a leitura silenciosa, que estabelece "uma relação solitária e íntima entre o leitor e livro" (Ariès, 1986/1991, p. 10);
3. as reformas religiosas: "elas desenvolvem uma devoção interior – sem excluir outras formas coletivas da vida paroquial – o exame de consciência, sob a forma católica da confissão ou a puritana do diário íntimo. Entre os laicos, a oração assume a forma da meditação solitária num oratório privado ou simplesmente num canto do quarto, num móvel adaptado para esse fim, o genuflexório" (Ariès, 1986/1991, p. 10).

Assim sintetiza Roger Chartier a hipótese de Norbert Elias sobre o papel do Estado na configuração da esfera privada:

> *Esse elo essencial entre a afirmação do Estado e o processo de privatização permite várias interpretações. A que Norbert Elias propõe num livro hoje clássico articula estritamente a criação do Estado absolutista, cuja forma acabada está na monarquia de Luís 14, e o conjunto das transformações afetivas e psíquicas que levam a conter na intimidade atos que antes eram públicos. Visando a pacificação social, regulamentando as trocas entre os*

> *indivíduos, produzindo uma nova forma social, a corte... institui um modo inédito de ser em sociedade, caracterizado pelo controle mais severo das pulsões, pelo domínio mais seguro das emoções, pelo senso mais elevado do pudor. Assim, dividem-se dois conjuntos de condutas: as que se pode ter em público sem constrangimento nem escândalo e as que devem ser subtraídas ao olhar dos outros. (Chartier, 1986/1991, p. 22)*

Serão diferentes condutas que progressivamente passarão a ser capturadas na esfera do privado, a nudez, o sono, as práticas sexuais, a satisfação das necessidades naturais. Desse modo, afirma Chartier, embasado nas pesquisas de Elias, as variações históricas da economia psíquica permitem relacionar transformações na experiência da privacidade na cultura com novas formações da personalidade em um remodelamento do equilíbrio entre pulsões e controles, emoções e censuras.

A Reforma Protestante do século XVI inaugura uma nova relação com a religião. Uma das principais propostas é a relação direta e individual com o texto bíblico e, dado que este é a palavra divina, o fiel é também posicionado em uma relação direta com Deus.

O historiador Èmil Léonard sintetiza a principal diferença entre protestantismo e catolicismo:

> *A salvação pela fé, princípio do protestantismo. Mas não pela fé em si, sem objetivo preciso. Pela fé em Jesus Cristo restaurador, e único restaurador possível do contato com o Pai. É a base de todo cristianismo. Se queremos dar-lhe forma protestante, teremos que dizer, pela fé individual em Jesus Cristo, e insistir no termo individual. Na prática o catolicismo situa perante Deus não tanto o indivíduo, mas a humanidade sob sua forma cristã da Igreja. (Lebrun, 1986/1991, p. 102)*

É claro que as questões da fé não estão dissociadas dos conflitos de poder em relação à hegemonia do papado romano, mas damos por conhecidas essas páginas da história. Concentremo-nos na ênfase no individual, na emergência no seio do cristianismo de um movimento que, pelo menos em um primeiro momento, focaliza o vínculo individual com Deus. Não tardarão a vir as respostas do catolicismo, seja por novas normas instituídas nos concílios, seja pela intensificação das conversões e de devotos que buscam, a partir do isolamento e de experiências místicas, uma comunhão direta com o Sagrado. Figueiredo aponta tendências opostas nos movimentos de reforma:

> *Há reformas que se destinam a reconstruir o tecido esgarçado das regras, normas e leis capazes de suportar identidades claras e distintas e conferir significados unívocos e duráveis às coisas e às práticas. Por outro lado, há reformas que procuram um solo mais fundo do qual possam emergir formas mais livres e menos normatizadas de relação do homem com o mundo e com Deus. (Figueiredo, 1992, p. 54)*

O autor aponta dois movimentos concomitantes: um de abertura para novas formas de expressão individual, que convivem com a diversidade e a multiplicidade; outro, em contraposição ao anterior, outro de busca por uma ordenação, um controle. Interessante notar que essa polaridade, que já aparecera na época medieval face à solidão, manifesta-se em relação aos graus de liberdade do indivíduo, em relação à fé e à própria interpretação da palavra de Deus. Podemos deixar nossos filhos-fiéis sós? O estar só, como vemos aqui, longe de ser associado ao desamparo, vincula-se ao exercício da liberdade, noção emergente que ganhou muita força a partir do liberalismo no fim do século XVIII.

Mas esse liberalismo não teria surgido sem as transformações que o mercantilismo, modelo econômico dominante, instaurou nos séculos XV e XVI. Tornava-se necessário para os Estados emergentes acabar com uma estrutura de comércio centrada nas cidades e feudos e pouco competitiva para a demandas dos atacadistas capitalistas que começavam a surgir. Segundo Polanyi (1944/2000):

> *A ação deliberada do Estado nos séculos XV e XVI impingiu o sistema mercantil às municipalidades ferrenhamente protecionistas. O mercantilismo destruiu o particularismo desgastado do comércio local e intermunicipal, eliminando as barreiras que separavam esses dois tipos de comércio não competitivos e, assim, abrindo um mercado para um mercado nacional que passou a ignorar, cada vez mais, a distinção entre cidade e campo, assim como as que existiam entre as várias cidades e as províncias. (p. 86)*

Embora ainda longe da livre regulação dos mercados, percebemos uma subordinação a instâncias que são exteriores ao indivíduo – o Estado e o capital, que passam a representar um valor em si. A divisão Estado-indivíduo encontrará suporte em teorias filosóficas que se desenvolvem de maneira concomitante.

Essa passagem do "estado de natureza" para a ideia de "sociedade", diferente da de "comunidade", se dá pelo "contrato social", tanto na filosofia política de Hobbes (1588-1679) como posteriormente em Rousseau (1712-1778). Embora concebam de modo diferente o estado de natureza, – o primeiro como um conjunto de indivíduos isolados em luta permanente "o homem é o lobo do homem", e o segundo, como um estado de felicidade originária –, ambos concordam que:

> *A passagem do estado de natureza para a sociedade civil se dá por meio de um contrato social, pelo qual os indivíduos renunciam à liberdade natural de bens, riquezas e armas e concordam em transferir para um terceiro, o soberano poder para criar e aplicar as leis, tornando-se autoridade política. O contrato social funda a soberania. (Chauí, 1997, p. 400)*

Assim, a propriedade privada surge como resultante do contrato social. Surge também uma distinção entre o Estado, legislador e soberano, e o indivíduo, submetido às leis que garantem sua individualidade e privacidade. Obviamente, múltiplas serão as propostas para o exercício da soberania.

Com a burguesia em ascensão, surge uma teoria que lhe dá uma legitimidade tão grande ou maior do que o sangue e a hereditariedade davam à realeza e à nobreza. Essa teoria será a da propriedade privada como direito natural, e sua primeira formulação coerente será feita pelo filósofo inglês Locke (1632-1704).

> *Se o homem no estado de natureza é tão livre, conforme dizemos, se é senhor absoluto de sua pessoa e posses, igual ao maior e a ninguém sujeito, porque abrirá mão dessa Liberdade, por que abandonará seu império e sujeitar-se-á ao domínio de qualquer outro poder? . . . para mútua conservação da vida, da Liberdade e dos bens a que chamo de propriedade. O objetivo grande e principal, portanto, da união dos homens em comunidades, colocando-se eles sob governo, é a preservação da propriedade. (Locke, 1991, p. 88)*

Com a Revolução Francesa e a Independência Americana, consolida-se o liberalismo como filosofia, ideologia política e prática econômica. Assim também se consuma a queda definitiva do *Ancien Régime* e as crenças que o sustentavam. O homem agora é livre, a propriedade é privada e do Estado, mas não do Monarca. O poder é exercido pelo Estado republicano e impessoal.

Progressivamente, criam-se as condições da emergência do indivíduo moderno desgarrado paulatinamente da comunidade feudal, ganhando autonomia e liberdade ao mesmo tempo que, sem percebê-lo, passa a se submeter a instâncias mais abstratas que o regulam, seja o Estado impessoal, sejam as práticas disciplinares.

Louis Dumont, em *O individualismo*, realiza um estudo pioneiro sobre o surgimento do individualismo moderno. Ancorado na tese de que "uma perspectiva antropológica pode permitir-nos conhecer melhor o sistema moderno de ideias e valores, sobre o qual acreditamos saber tudo pelo simples fato de ser nele que pensamos e vivemos" (Dumont, 1983/2000, p. 20) distingue a oposição: individualismo-holismo. Oposição que se origina dos diferentes modos de estruturação da sociedade, e que será de fundamental importância na tentativa de elucidar a emergência e urgência de certos sentimentos vinculados à solidão na cultura moderna. Dada sua importância, citaremos nas suas próprias palavras:

> *Quando falamos de indivíduo, designamos duas coisas ao mesmo tempo: um objeto fora de nós e um valor. A comparação obriga-nos a distinguir analiticamente estes dois aspectos: de um lado o objeto empírico que fala, pensa e quer, ou seja, a amostra individual da espécie humana, tal como a encontramos em todas as sociedades; do outro o ser moral independente, autônomo e, por conseguinte, essencialmente não social, portador dos nossos valores supremos e que se encontra em primeiro lugar em nossa ideologia moderna do homem e da sociedade. Deste ponto de vista existem duas espécies de sociedades.*

> *Quando o Indivíduo constitui um valor supremo, falo de individualismo; caso oposto em que o valor se encontra na sociedade como um todo, falo de holismo. (Dumont, 1983/2000, p. 37)*

Dumont realizou uma pesquisa antropológica extensa na Índia, e faz uma comparação entre o renunciante indiano, a quem denomina "indivíduo-fora-do-mundo" com a noção do indivíduo na nossa sociedade, que denomina "indivíduo-no-mundo". O primeiro assemelha-se aos anacoretas da Idade Média que se afastavam da sociedade, como narramos anteriormente, na busca pela transcendência; o segundo expressa nossa condição mundana. Essa diferenciação nos conduz a procurar compreender a especificidade e a radicalidade desse "indivíduo-no-mundo" que, gestando-se desde o Renascimento, domina a cena de nossa cultura, dentro da qual, apesar da exaltação do individualismo e de seu correlato – o narcisismo, vemos emergir melancólicas e saudosas manifestações de desejo de retorno a uma sociedade holística (como é o caso dos movimentos fundamentalistas).

Mas esse movimento, que se inicia com o Renascimento, irá se intensificar com os ideais de liberdade e igualdade do século XVIII, com a Revolução Industrial e as ideias liberais do século XVX. Assim sintetiza Birman, a relação entre modernidade e indivíduo:

> *A modernidade é autocentrada no indivíduo. A individualidade é a categoria fundamental que define o ideário da modernidade, sem a qual esta é impensável. Vale dizer, o projeto da modernidade é antropológico e antropocêntrico, justamente porque o homem na qualidade de indivíduo foi alçado à condição primordial de medida de todas as coisas. (Birman, 2000, p. 114)*

Desse modo, a solidão dificilmente poderá ser concebida sem uma referência à noção de indivíduo na Modernidade, já não mais vinculado à comunidade como nas sociedades tradicionais, mas como unidade isolada vinculada aos outros por sistemas contratuais. As solidões modernas serão consequências dessa transformação, estratégias singulares ou coletivas de tramitação das potencialidades liberadas pelo individualismo, como também formas de combate ao desamparo imposto por esta nova ontologia social.

O século XIX e suas tensões

As novas formas de solidão que emergem no século XIX nos interessam, somos seus herdeiros e elas foram a matriz subjetiva sobre a qual Freud se debruçou.

No entanto, para melhor compreendê-las vamos retomar os parâmetros definidores do século XIX, como apontados por Figueiredo, para compreender esse caldeirão cultural, social e político no qual emerge o que vai se chamar de "multidão solitária".

Figueiredo (1992), inserido na tradição daqueles que problematizam a subjetividade contemporânea, buscando elucidar sua genealogia, abre perspectivas interessantes como via de aproximação a nosso assunto. Em seu livro, *A invenção do psicológico: quatro séculos de subjetivação 1500-1900*, que muito enriqueceu nossa compreensão da modernidade, sustenta a tese de que o espaço psicológico, como o conhecemos hoje, é herdeiro da articulação e do conflito de três formas de pensar e praticar a vida em sociedade no século XIX: o liberalismo e individualismo, como princípios de organização econômica e política; os movimentos românticos das artes e da filosofia; e o desenvolvimento de uma sociedade disciplinar. Seus argumentos se baseiam nos importantes trabalhos de Karl Polanyi, *A grande transformação*, George Gusdorf, *La naissance de la conscience romantique au siècle de Lumières* e Michel Foucault, *Vigiar e punir*, respectivamente.

Estaremos particularmente interessados nas tensões entre Liberalismo e Romantismo, pois, embora reconheçamos a indissociabilidade desses polos, os consideramos território fértil para a investigação da solidão. Peter Gay, no seu vasto estudo, *A Experiência burguesa*, principalmente no quarto volume, *O coração desvelado*, investiga o que denominou "a vida secreta elo eu" no século XIX, elo qual nossa cultura contemporânea é herdeira. Nesse estudo, o autor destaca no período "a obsessão com a profundidade dos sentimentos". Escreve Gay (1999):

> *Obviamente não foram os românticos que inventaram o eu moderno, que desde Montaigne encontrava-se em gestação, mas deixaram uma herança importante para nosso século, como modelos de reflexão íntima e solitária, ou como a resposta da sensibilidade individual ao mundo objetivo, nos domínios da política, da religião ou do amor. (p. 54)*

Assim, temos o desenvolvimento da sociedade capitalista Pós-Revolução Industrial, o liberalismo econômico em franca consolidação e um movimento subjetivo, filosófico e artístico com características muito peculiares, que outorgara destaque à alma solitária e à intimidade do Eu particular.

Löwy e Sayre, em *Revolta e melancolia: o romantismo na contramão da modernidade*, sustentam a tese de que: "o romantismo representa uma crítica da modernidade, isto é, da civilização capitalista moderna em nome de ideais do passado (pré-capitalista e pré-moderno)" (Löwy & Sayre, 1992/1995, p. 34). Vamos nos valer da abordagem desses autores para explicitar os dois sistemas de valores que se chocam, mas que têm estreita vinculação.

Por modernidade entendem os autores ser "a civilização moderna engendrada pela revolução industrial e a generalização da economia de mercado". Como falamos anteriormente, suas origens remontam ao Renascimento, mas atingem seu apogeu quando, segundo Polanyi, o liberalismo econômico se torna o princípio organizador de uma sociedade engajada na criação de um sistema de mercado:

> *O liberalismo econômico foi o princípio organizador de uma sociedade engajada na criação de um sistema de mercado. Nascido como mera propensão em favor de métodos não-burocráticos, ele evoluiu para uma fé verdadeira na salvação secular do homem através de um mercado autorregulável. (Polanyi, 2000, p. 166)*

Retomando as ideias de Weber, assim sintetizam Löwy e Sayre as principais características do "espírito do capitalismo":

- espírito de cálculo;
- desencantamento do mundo;
- racionalidade instrumental; e
- dominação burocrática.

Esse complexo sistema envolve industrialização, rápido desenvolvimento de ciência e tecnologia, hegemonia de mercado, propriedade privada dos meios de produção, reprodução ampliada do capital, trabalho livre, intensificação da divisão do trabalho. Desenvolvendo à sua volta: racionalização, burocratização, urbanização.

Assinalado o contexto econômico e histórico do qual emerge o Romantismo como movimento de revolta, podemos mencionar suas principais características apreendidas de modo exemplar por Ines Loureiro (2001) como "estilo romântico". Suas ideias, fruto de uma vasta pesquisa, foram influenciadas pelas já citadas ideias de Löwy e

Sayre. Vamos apresentá-las por extenso, pois vemos nelas parte das estratégias do indivíduo para lidar com a solidão que a modernidade lhe impõe.

Passo, então, a resumir as características do "estilo romântico" como apresentado pela autora. O fio condutor que perpassa a obra dos autores românticos é a predominância de um sentimento de ruptura experimentado como perda. Assim, há o desenvolvimento de um olhar crítico para a cultura e para a história. Concomitante à percepção de que essa ruptura é definitiva e radical, há a conservação da esperança de sua reversibilidade. "Daí o estilo romântico ser fortemente marcado pelas tentativas de respostas restauradoras, cujo fim último seria a restituição da unidade e da harmonia perdidas" (Loureiro, 2001, p. 37). Assim, há uma tentativa, por meio do pensamento filosófico, das manifestações artísticas ou do pensamento político, de religar o homem ao mundo natural e sobrenatural. É o que aparece como inclinação a produzir o "reencantamento do mundo, uma tentativa uma experiência de plenitude e de absoluto" (Loureiro, 2001, p. 37).

> *O que estava em jogo era importante: os líderes do movimento romântico consideravam que sua tarefa era fazer do mundo um lugar encantado. Sentiam a necessidade urgente de restaurar a ideia de mistério e de maravilhoso que os deístas, céticos e ateus do século 17 – Voltaire, Hume, Holbach e seus companheiros rebelados contra a fé – tinham procurado eliminar com um cientificismo frio, com insultos ímpios, ou chistes banais. Os românticos acusavam o iluminismo de ter danificado a vida interior dos homens quase que definitivamente, e trabalharam para desfazer a secularização do mundo – uma realização melancólica da geração dos seus pais. (Gay, 1999, p. 49)*

No entanto, duas tendências manifestam-se nesse período. Uma mais cética, descrente na possibilidade de reunificação, segundo a qual comenta gay que o hiato instaurado entre homem e natureza, entre o objeto e sua representação, entre o antigo e o moderno, entre o natural e o sobrenatural é julgado intransponível. A segunda tendência aposta na possibilidade de obturação desses hiatos. O entrelaçamento e tensão entre essas duas visões é chamado de ironia romântica e configura, como aponta a autora, uma situação eminentemente trágica. Ainda assim, sempre fica preservado, ainda que por vezes encoberto, o anelo pela plenitude. Teremos a oportunidade de voltar à ideia do trágico ao discutir a visão de Freud em relação às tensões entre o homem e a civilização.

Diante desse quadro, o Romantismo se ergue como uma crítica ligada: "à experiência de uma perda: no real moderno, algo precioso foi perdido, simultaneamente, ao nível do indivíduo e da humanidade" (Gay, 1999, p. 40).

> *Com efeito, os românticos sentem dolorosamente a alienação das relações humanas, a destruição das antigas formas orgânicas, comunitárias de vida social, o isolamento do indivíduo no seu eu egoísta – que constituem uma dimensão importante da civilização capitalista da qual o mais importante espaço é a cidade. (Löwy & Sayre, 1995, p. 68)*

Relacionado com essas perdas reencontramos o tema do indivíduo paradoxalmente instaurado na modernidade. Sem o desenvolvimento do capitalismo talvez o indivíduo, do qual estamos falando, não tivesse se desenvolvido como nova entidade, no entanto, essa nova entidade não consegue viver senão frustrada, por sentir em seu âmago um "vazio desolador do real", o que acaba levando-a a se revoltar contra a própria modernidade que a gerou. Há uma denúncia contra a "reificação" ou "coisificação", ou seja, contra uma desumanização do humano, contra "uma transformação das relações humanas em relação entre coisas" (Löwy & Sayre, 1995, p. 38).

> *O capitalismo suscita indivíduos independentes para preencher funções socioeconômicas; mas quando estes indivíduos agem como individualidades subjetivas – explorando e desenvolvendo seu mundo interior, seus sentimentos peculiares – entram em contradição com um universo baseado na padronização e na reificação. (Löwy & Sayre, 1995, p. 45)*

Assim, o individualismo romântico coexiste com o individualismo liberal como sua antítese, pondo ênfase na sua singularidade.

Cabe fazer uma distinção inicial entre o ideal do indivíduo romântico daquele proposto no início do pensamento liberal, iluminista. Segundo Simmel (1998b), em "O indivíduo e a liberdade", a ênfase inicial estava voltada para a ideia de igualdade que expressava o ser mais profundo da humanidade, um conjunto de indivíduos livres e iguais na sua humanidade e direitos. Sua seguinte colocação merece ser citada na íntegra:

> *Depois da libertação principal do indivíduo das correntes enferrujadas da corporação, do estamento por nascimento e da Igreja, o movimento segue adiante, no sentido de que os indivíduos tornados autônomos querem agora distinguir-se entre si. O importante não é mais o indivíduo livre como tal, mas que este é, precisamente único e distinto. (Simmel, 1998b, p. 114)*

Se a igualdade nos oferece uma identificação com o outro, a unicidade nos deixa irremediavelmente sós.

Esse foi o movimento de um certo fracasso do individualismo liberal que, desumanizado pelo sistema econômico, é retomado pelo Romantismo, mas em um modo no qual

> *todas as relações com os outros, são, ao fim e a cabo, apenas estação na busca de si mesmo, seja porque se sente igual aos outros e sozinho com suas próprias forças, seja porque com a capacidade de encarar a solidão de frente, os outros existem, para permitir a cada indivíduo a comparação e visão da própria singularidade e individualidade do próprio mundo. (Simmel, 1998b, p. 114)*

Assim, a solidão será tematizada e experimentada pelos autores românicos, seja como experiência interior na busca de si mesmo, seja como denúncia da incomunicabilidade do Eu com o outro. Dessa forma, surgirá a nostalgia de uma comunhão verdadeiramente autêntica com o outro. Como veremos posteriormente, essa é uma das demandas na clínica atual.

A multidão e os refúgios da intimidade

As cidades apresentam um crescimento fantástico desde o século XVIII e passam por grandes reformas e novos projetos urbanísticos no século XIX, segundo Schorske (1961/1988). São vários e complexos os motivos de tal crescimento: desde a expansão da economia capitalista, um enorme deslocamento de imigrantes pobres em direção às cidades (em função de crises no campo), diminuição da taxa de mortalidade em relação ao número de nascimentos. A consequência é que a população urbana, principalmente por causa da aglomeração nas capitais, passa a superar a rural em alguns países europeus.

Essa notável alteração suscitou questões como: quais seriam as características desse novo indivíduo urbano moderno? Como é o seu hábitat, de que modo organiza sua subjetividade?

Não foram poucos os autores que se debruçaram para analisar a modernidade e seus efeitos na subjetividade. Em um trabalho muito interessante, *Lonely Sweet Home, solidão e modernidade*, Sérgio Lage Teixeira de Carvalho (1995) realiza uma vasta pesquisa, da qual vamos nos valer para ampliar nosso olhar sobre a solidão nesse período. Tanto o pensamento sociológico, como as manifestações nas letras apontam a alienação e o isolamento do indivíduo nas grandes capitais emergentes. A cidade passa a ser o grande cenário da "multidão solitária", na qual não só o fenômeno do isolamento e da indiferença se fazem presentes, mas também o fenômeno da massa, da multidão dominada por forças impessoais e irracionais. Segundo o pensador francês Le Bon como citado em Freud (1921/1986j), que tem como objeto de estudo a multidão, nela as características individuais se perdem e, em contrapartida, se forma uma espécie de alma coletiva, capaz de insensatez, animosidade e irresponsabilidade. Freud (1921/1986j), de modo algum alheio a essas questões, investigará esses fenômenos de modo mais isento em *Psicologia das massas e análise do ego*. Leva em consideração as ideias de Le Bon, mas fará da identificação e do estudo da submissão ao líder, o eixo do seu argumento. Isso, em um momento histórico de surgimento das ideologias fascistas.

Walter Benjamin, em *Paris do Segundo Império*, ao analisar a obra de Baudelaire, lança um olhar agudo sobre a cidade e a multidão. Encontramos uma referência clássica no seu texto à visão crítica de Engels acerca do universo urbano londrino:

> *O próprio tumulto das ruas tem algo de repugnante, algo que revolta a natureza humana. Estas centenas de milhares de pessoas, de todas as classes e situações, que se*

> *empurram umas às outras, não são todos seres humanos com as mesmas qualidades e aptidões, e com o mesmo interesse em serem felizes?... E, no entanto, passam correndo uns pelos outros, como se não tivessem nada em comum, nada a ver uns com os outros; e, no entanto, o único acordo tácito entre eles é o de que cada um conserve o lado da calçada a sua direita, para que em ambas as correntes da multidão, de sentidos opostos não se detenham mutuamente; e, no entanto, não ocorre a ninguém conceder ao outro um olhar sequer.* Essa indiferença brutal, esse isolamento insensível de cada indivíduo em seus interesses privados, avultam tanto mais repugnantes e ofensivos quanto mais esses indivíduos se comprimem num espaço exíguo. *(Engels, como citado em Benjamin, 2000, p. 54, grifo meu)*

Dizer que essa constatação aponta para uma dissolução dos vínculos sociais seria tornar um aspecto da cultura pelo todo, mas destaca-se já a percepção de um novo fenômeno – a multidão, a massa indiferenciada, a ideia de que cada indivíduo se isola no seu Eu e nos seus próprios interesses.

Essa constatação não difere da de Clemens Brentano, romântico alemão, formulada em 1827, em Paris:

> *Todos os que eu via andavam na mesma rua, uns ao lado dos outros e, no entanto, cada um parecia seguir seu próprio caminho solitário, ninguém se cumprimentava, cada um ia atrás do seu interesse pessoal. Todo esse vaivém me pareceu a própria imagem do egoísmo. Na cabeça, cada um só tem seu interesse, do mesmo modo que o número da sua casa para aonde se dirige a toda pressa. (Brentano, como citado em Löwy & Sayer, 1995, p. 68)*

Essa multidão indiferenciada terá como contrapartida os *refúgios da intimidade*. Essa ideia de refúgio teve continuidade e tornou-se marcante nos dias de hoje, como veremos ao tratar da cultura do narcisismo. De modo muito preciso, Walter Benjamin capta esse momento:

> *Desde Luis Felipe, a burguesia se empenha em buscar uma compensação pelo desaparecimento de vestígios da vida privada na cidade grande. Busca-a entre suas quatro paredes. É como se fosse questão de honra não deixar se perder nos séculos, se não os rastros dos seus dias na Terra, ao menos o dos seus artigos de consumo e acessórios. Sem descanso, tira o molde de uma multidão de objetos; procura capas e estojos para chinelos e relógios de bolso, para termômetros e porta ovos, para talheres e guarda--chuvas. . . . Para o estilo Makart[1] do final do Segundo Império, a moradia se torna uma espécie de cápsula. Concebe-a como um estojo do ser humano nela o acomoda com todos os seus pertences, preservando, assim, seus vestígios, como a natureza preserva no granito uma fauna extinta. (Benjamin, 2000, p. 43)*

Nesse contexto, a família será o principal cenário da vida privada no século XIX. Polo de referência, ao mesmo tempo refúgio e instância disciplinar (segundo definição de Foucault), a família burguesa, herdeira de sistemas de parentescos mais amplos, domina a cena da vida privada.

1 Hans Makart (1840-1884): pintor austríaco. Simboliza, para Benjamin, a decoração interior sobrecarregada.

> *As instituições, e as pessoas solteiras – prisões e internatos, quartéis e conventos, vagabundos e dândis, religiosas e viragos, boêmios e bandidos – são obrigados a se definir em função dela ou em relação às suas margens. A família é o centro do qual elas constituem a periferia. (Perrot, 1987/1997, p. 91)*

Isso porque nesse contexto a solidão ainda não é um direito do indivíduo. "Ela [a solidão] devolve como um espelho, a imagem de uma sociedade que valoriza a ordem da casa e o aconchego do lar" (Perrot, 1987/1997, p. 303).

Começam a se manifestar o indivíduo e suas marcas identitárias,[2] os prenomes e os traços que possibilitam identificar inequivocamente uma pessoa. No âmbito policial, surgem com importância as medições do crânio de Bertillion e, posteriormente, a fotografia e o retrato de pessoas, na pintura. No espaço doméstico, surgem os leitos individuais, o cuidado com a higiene pessoal, os cantos privados nos aposentos e por último, mas não menos importante, o espelho. Espelho que inaugura a possibilidade de olhar o próprio corpo, outrora proibido e que será tematizado na Literatura e, posteriormente, na psicanálise.

Nessa seara emerge o amor romântico como poderoso agente ou, nas palavras de Peter Gay, "um amplo exercício de solidão compartilhada através do amor" (Gay, 1999, p. 103).

Para Jurandir Freire Costa (2000):

> *O amor romântico, quando se estabilizou como norma de conduta emocional na Europa, respondeu a anseios de*

2 Ultrapassaria o alcance de nosso trabalho, mas é interessante destacar o fascinante mundo que se revela no estudo das biografias e diários dessa época.

> *autonomia e felicidade pessoais inequivocamente criativos e enriquecedores. Sua íntima associação com a vida privada burguesa o transformou em um elemento de equilíbrio indispensável entre o desejo de felicidade individual e o compromisso com os ideais coletivos. (p. 19)*

O autor nos mostra que esse modelo de amor sofreu uma transformação na atualidade. Quando identidade, religião, apreço pela intimidade e abandono do político dominam o cenário; resta aos indivíduos uma tentativa desesperada de buscar no amor, e em uma identidade amorosa abrigo em um mundo pobre em Ideais de Eu.

O teatro familiar será palco de grandes batalhas pela afirmação da individualidade. Quando nos debruçamos sobre o imenso material analítico, histórico e sociológico dedicado à família burguesa, do qual Michel Perrot nos dá um vasto panorama, não podemos senão perceber o potencial explosivo desta instituição. Vinculada à vida econômica dos seus integrantes, instância representativa da lei e do Estado por intermédio da figura real e simbólica do pai, reguladora e disciplinadora da sexualidade, refúgio diante da alienação do indivíduo na multidão, a família burguesa fornecerá a matéria-prima para o Eu, cada vez mais introspectivo e indagador, para pôr em crise as representações estabelecidas. Mas esses questionamentos se evidenciarão muitas vezes como dilaceramentos de um tecido nos pontos frágeis de sua trama, pelos quais brotarão sentimentos de angústia, solidão e desamparo. O tema da família, sua relevância na subjetivação e as transformações dessa instituição na atualidade serão objeto de discussão no Capítulo 4.

Os contos que apresentaremos no próximo capítulo tematizam, de diferentes maneiras, esses momentos de ruptura e angústia, como teremos oportunidade de examinar.

2. Manifestações da solidão

Introdução

A literatura oferece-nos belas e inquietantes páginas nas quais o tema da solidão é abordado. A psicanálise e a literatura, a começar por Freud, guardam estreitos pontos de contato na tentativa de aproximação da alma humana. Mais nova, a primeira bebe nas fontes da segunda em alguns momentos. Como novo campo de conhecimentos, a psicanálise advogou-se direitos excessivos. Hoje mais madura, menos onipotente, ela pode conviver de um modo menos redutor ao lado dessa fascinante criação do homem.

Acerca da relação entre a psicanálise e a literatura, Ana Cecília Carvalho (1999, p. 59), em um denso e rico trabalho, examina a relação entre ambas focando sua atenção nos limites e possibilidades de uma crítica psicanalítica da Literatura, embora esta não seja a proposta deste livro. Desde Freud, passando por Green, Lacan e Kristeva, todos apontam para as multiplicidades e tensões nesse campo. A leitura da obra de Ana Cecília Carvalho foi extremamente proveitosa, pois auxiliou na discriminação do uso que farei da literatura neste livro. Não se trata aqui de interpretar a obra para atingir a subjetividade do autor nem de fazer do texto literário o equivalente ao material associativo de uma sessão de análise. Reconhecemo-nos nas palavras de François Anserment, citado pela referida autora: "Lido de certo modo pelo texto, o leitor não pode acantonar-se na sua interpretação; já o texto o interpreta na medida em que o faz falar" (Carvalho, 1999, p. 67). Os textos nos farão falar das solidões, de psicanálise, da clínica, da cultura.

Se me valho da literatura neste capítulo, será para aprender com ela, obter dela aquilo que aporta ao conhecimento da subjetividade, aquilo que retrata, que nos comove e move a pensar, o que instiga e surpreende, o que gera identificação.

Não é tarefa fácil escolher, dentre a riqueza de material disponível, uma obra para dar o pontapé inicial a este trabalho. No entanto, sempre existe alguma que nos cativa, ou que produz um efeito especial, seja na primeira leitura ou nas subsequentes releituras.

A escolha recai sobre uma série de contos escritos entre o fim do século XIV e início do século XX. Nesse período, a literatura revela muitos dos impasses do sujeito na modernidade, todavia não mais na tentativa de buscar o reencantamento do mundo, como seria no movimento romântico. Pelo contrário, é feita uma abordagem mais realista, crua, que recorre muitas vezes ao fantástico para dele extrair a face mais sombria do Eu em crise. Trata-se também do período em que Freud produz sua obra. Freud já falara sobre essas relações entre o escritor e o psicanalista, comentando que o escritor Arthur Schnitzler era uma espécie de duplo seu. Serão esses indivíduos, sob o impacto da modernidade, que se deitarão no divã freudiano.

Do imenso e apaixonante repertório, alguns autores foram escolhidos sem a pretensão de serem os mais representativos, embora seus nomes façam parte de qualquer boa antologia do referido período. A escolha, muitas vezes, está pautada por um gosto pessoal pela clareza, acuidade e fineza dos relatos, assim como por um pingo de ironia, que os torna fascinantes e nada ingênuos. Espero que o leitor também encontre neles fonte de inspiração e reflexão. Não se trata de retomar os contos sob a chave de uma longa tradição de crítica literária – afinal são contos essenciais para a história da literatura e foram exaustivamente trabalhados, analisados. Mas há um interesse específico voltado para o estudo da solidão, que não contempla essas outras leituras e que a contribuição desses escritores parece extremamente valiosa.

Os contos serão apresentados por meio de sínteses e citações. Cientes de que nada substitui a leitura dos originais, optei por não ficar paralisado por esse fato e procurei transmitir ao leitor o foco da obra que, a meu ver, ilumina o tema da solidão. Após o relato do conto apresentarei um breve comentário para destacar alguns aspectos da solidão aos quais o conto alude, e evocar algumas imagens de solidões de que tomamos conhecimento por intermédio de nossos analisandos. No Capítulo 3, ao discutir psicanálise e solidão, retomarei os contos como subsídios para minha hipótese ligada às múltiplas formas dessa solidão.

Ainda que esta primeira apresentação e comentários já constituam uma amostra da riqueza e multiplicidade de forma que a solidão vem desenvolvendo desde a modernidade.

O homem da multidão, *Edgar Allan Poe (1809-1849)*

Essa grande desgraça, de não poder estar sozinho.[1]

(La Bruyére, como citado em Poe, 1978)

---

1 *Ce grand malheur, de ne pouvoir être seul.*

> *Tem-se dito muito bem, a respeito de certo livro alemão, que es laest sich nicht lesen, não se deixa ler. Há muitos segredos que não se deixam dizer. Todas as noites morrem homens nas suas camas, torcendo as mãos de confessores fantasmagóricos, encarnando-os com profunda tristeza e expirando com o coração desesperado e a garganta convulsa por causa da hediondez de certos mistérios que não admitem ser revelados. Uma que outra vez – ai de nós! – A consciência humana carrega tão pesada carga de horrores que não pode libertar-se dela senão no túmulo. Assim, a essência de todo crime permanece desconhecida. (Poe, 1978)*

Assim se inicia a narrativa Poe,[2] pondo-nos em contato com o mistério e o desconhecido. O narrador estava sentado em um café londrino ao cair da tarde, convalescente após uns meses de doença; com a volta das suas forças, experimentava um estado de feliz euforia e curiosidade atiçada. "Com um charuto entre os lábios e um jornal sobre os joelhos, divertia-me durante grande parte da tarde, ora a meditar os anúncios ora observando a companhia promíscua reunida na sala, ou, ainda, a espreitar a rua através da vidraça esfumaçada".

A rua que inicialmente estivera pouco movimentada ao escurecer se via invadida, "a multidão crescia de momento a momento", "o tumultuoso mar de cabeças humanas enchia-me de uma emoção deliciosamente nova. Acabei desinteressando-me do que acontecia dentro do hotel, e deixei-me absorver pela contemplação da cena lá de fora".

2 As citações dos contos, daqui por diante, farão referência aos volumes indicados na bibliografia.

Com olhar atento, passa a descrever com precisão e detalhes significativos os grupos e indivíduos que compõem a multidão.

A maior parte "tinham um modo de andar satisfeito e prático e evidentemente só pensavam em abrir caminho na multidão". Outros, de faces coradas, também numerosos "andavam com movimentos inquietos... como se a densidade da massa que os rodeava lhes fizesse sentir mais a própria solidão".

Descreve suas vestes e, por meio delas, identifica sua origem social – nobres mercadores, advogados...

Outro grupo era constituído pelos empregados. Também aqui a descrição é minuciosa e o espírito dedutivo do autor se faz presente: "Os mais jovens pertencentes a casas brilhantes, eram rapazes de casaco apertado, botas reluzentes, cabelos bem untados e lábios arrogantes... Usavam a elegância servida da alta burguesia: eis o que melhor define esta classe".

Os outros empregados de maior categoria, de firmas sólidas, "não eram menos inconfundíveis".

"Estes se faziam reconhecer pelos casacos e calças confortáveis de cor preta e castanha, gravatas e coletes brancos, meias ou polainas espessas. Tinham todos a cabeça meio calva, da qual a orelha direita, acostumada a sustentar a pena, possuía o estranho hábito de andar afastada. Notei que tiravam ou punham o chapéu sempre com ambas as mãos e usavam relógios de curtas correntes de ouro, de modelo antigo e maciço. Estes afetavam respeitabilidade, se é que existe afetação tão honrosa."

Assim prossegue o autor na descrição dos transeuntes: a classe dos batedores de carteira, "fantasiados de peraltas"; os jogadores, que "se distinguiam por um certo bronzeado flácido do rosto... e uma anormal extensão do polegar, formando um ângulo reto com os outros dedos; mascates judeus, 'de olhos fuzilantes'; mocinhas modestas voltando do trabalho, uma enorme multidão de ébrios" etc.

À medida que a noite se adensava crescia o interesse de nosso observador pela multidão.

"Com as sobrancelhas apoiadas no vidro, entretinha-me assim, em sondar a multidão, quando, súbito, deparei-me com o rosto de um velho decrépito, de uns sessenta e cinco ou setenta anos de idade, que logo me atraiu e absorveu toda atenção pela peculiaridade absoluta de sua aparência. Até então nunca tinha visto coisa parecida, sequer de longe, com aquela expressão."

Parecia a própria encarnação do demônio, tal é o espanto do autor. E quando tenta descrever as sensações despertadas pela assustadora imagem surgem ideias de "grande poder mental, de cautela, de sordidez, de avareza, de frieza, de malícia, de sede de sangue, de triunfo, de júbilo, de excessivo terror e de intenso e supremo desespero". "Que história espantosa", diz o narrador, "não deveria estar escrita dentro daquele peito".

O narrador veste rapidamente sua capa e se precipita "dentro da multidão" e inicia a perseguição dessa figura que ao mesmo tempo que o assusta, fascina-o.

"De estatura baixa, magérrimo, aparentava grande fraqueza. Suas vestes eram, de modo geral, sujas e rotas; mas, observando-as, cada vez que, no passeio, as iluminava o forte clarão de uma lâmpada, percebi que sua camisa, embora suja, era de belo tecido. Ainda mais; através de uma fenda do velho roquelaure fechado e abotoado vislumbrei, ao menos que tenha me iludido, o cintilar de um brilhante e reluzente punhal. Todas essas observações me estimulavam a curiosidade e resolvi acompanhar o estranho homem onde quer que ele fosse."

O narrador o segue por becos e ruelas, uma névoa se transforma em chuva densa e pesada. Ele observa que a multidão se transforma, agita-se, acotovela-se debaixo dos guarda-chuvas. O velho avança por uma grande artéria, logo depois entra em uma rua transversal.

A caminhada os faz chegar a um largo iluminado. "Não foi pequena minha surpresa ao notar que, depois de ter dado uma volta ao largo, ele se virou e refez a caminhada na direção contrária. Cresceu-me ainda o espanto de vê-lo repetir diversas vezes o mesmo passeio, e por um triz não me descobriu por ocasião de uma reviravolta repentina".

Chegam a um bazar. O velho, que parece conhecer o lugar, abre caminho em meio da turba de compradores e vendedores. "Entrava de loja em loja, sem perguntar preços, sem dar uma palavra, e olhava para todos os objetos com um olhar fixo, atônito e vazio". "Bate o relógio das onze horas, e todos deixam o bazar. O velho sai apressadamente e por um caminho sinuoso novamente chega à grande avenida. Há poucas pessoas na rua. O velho mergulha num novo labirinto de vielas tortuosas e acaba desembocando na porta de um teatro, se atira no meio da turba". "Caiu-lhe de novo a cabeça sobre o peito: o homem aparecia-me, uma vez mais, na sua primeira postura. Vi que tomava o mesmo rumo da maior parte dos que saíam; mas afinal de contas, eu continuava sem nada compreender da irrazoável teimosia de suas ações".

O desconhecido interrompe sua caminhada para, como se quisesse refletir para depois com todos os sinais de uma agitação, continuar andando, agora quase nos limites da cidade. "Era o bairro mais repelente de Londres; ali tudo ostentava os indícios da mais lamentável pobreza e do crime mais desenfreado. Contudo, ao penetrarmos neste mundo ouvimos reviver, pouco a pouco, os sons da vida humana, e vimos, cada vez mais numerosos bandos das criaturas mais abandonadas de Londres passarem com andar vacilante".

Subitamente, encontram-se frente a um "templo suburbano da intemperança, um dos palácios do demônio Gim". O estranho precipita-se para dentro, mas repentinamente todos parecem se dirigir à porta de saída, o dono ia fechar a casa.

"O que observei então no rosto do estranho ser que tão obstinadamente revelara algo bem mais intenso que o maior desespero". Mas sem hesitar o homem retoma sua carreira com louca energia. Retornando ao coração da imensa Londres. O sol já se levantava e atingiam o centro movimentado da cidade. "O desconhecido, como sempre, andava de um lado para outro, sem sair do tumulto de aquela rua".

"Quando avançavam as sombras da segunda noite, eu estava mortalmente cansado, e, parando bem defronte do ancião, encarei-o com firmeza. Sem me perceber, ele continuou seu passeio solene, enquanto eu, deixando de acompanhá-lo, fiquei absorto em meditações: Este velho – disse por fim – é o tipo e o gênio do crime profundo. Ele recusa-se a ficar sozinho. É o homem da multidão. Debalde o perseguiria: nada mais poderia saber a respeito dele e de seus atos. O pior coração do mundo é um livro mais volumoso que o Hortulus Animae; talvez seja uma das grandes bênçãos de Deus que es laest sicht nicht lesen."

Comentário

A habilidade narrativa que tornou Poe mestre e criador do gênero policial se manifesta nessa obra admirável. Somos arrastados, absorvidos pela multidão londrina do século XIX, apresentados à multiplicidade de personagens, conduzidos por ruelas e becos, em um movimento frenético, quase desesperado.

Ao mesmo tempo que o conto possui ritmo e movimento, ele nos apresenta uma aguda percepção da metrópole. A pequena narrativa parece desenvolver-se em duas direções: a primeira, foca a metrópole, suas características e seus habitantes; a segunda, a perseguição do "suspeito" e a tentativa de desvendar o seu misterioso crime. O que Poe conclui, mais como cientista social que como detetive, é que o ancião "recusa-se a ficar sozinho. É o homem da multidão". Com essa frase, ele ressignifica o conto como uma instigante radiografia da metrópole moderna e angústia desesperada do indivíduo na multidão solitária.

Caleidoscopicamente, transitamos pelas ruas. Os nossos sentidos são aguçados. Há uma observação atenta, cuidadosa. Primeiro o olhar, os rostos, vestes e cores; depois o tato, no acotovelamento, no aperto; na chuva, o cheiro.

Ao seguirmos a trajetória do conto, vamos percebendo que ele se ocupa de dois solitários. Tanto o velho quanto o narrador da história, parecem utilizar o mesmo recurso para lidar com a solidão: ambos procuram a presença de outrem, a simples proximidade física parece lhes conferir uma tênue sensação de pertinência.

Fazer parte de um aglomerado de pessoas, seguir minuciosamente os passos de alguém, são modos de, fantasiosamente, criar uma familiaridade. A extrema solidão do velho e a do narrador os aproxima. Trata-se de uma maneira concreta de suportar a dor de sentir-se só, alienado e sem ambiente acolhedor. Assim como um bebê aprende a suportar a ausência da mãe recorrendo a um objeto intermediário que, ao mesmo tempo, representa a mãe e o poder do bebê sobre ela, o velho andarilho apossa-se momentaneamente das pessoas anônimas a seu redor, aproximando-se delas e deixando-as de acordo com sua vontade ou necessidade. O narrador, intrigado com a aparência do velho, observa-o sem se dar a conhecer, mas vive, com ele, a mesma peregrinação. Enquanto dura a investigação, o velho não está mais só e o narrador não está mais sentado sozinho. Parece, a cada passo, aproximar-se mais e mais do velho, familiarizar-se com ele, tornam-se íntimos. Intimidade da cidade grande, na qual vizinhos podem ser íntimos, conhecerem hábitos e caracteres uns dos outros, sem sequer saber os respectivos nomes.

Mesmo em metrópoles, pode-se observar que moradores de um mesmo edifício, do mesmo bairro, têm costume de trocar cumprimentos, de conversar com o rapaz da padaria, da banca de jornal.

Transformam em hábito um tipo de convívio que reproduz superficialmente a sensação de familiaridade, de intimidade aconchegante que parece mitigar o sentimento de isolamento, próprio da solidão descrita nesse conto.

No conto, o narrador parece perceber algo de sinistro nessa movimentação do velho solitário, que ao se misturar à multidão usufrui, por breves momentos, da companhia ilusória do outro, criando uma falsa pertinência transitória. Sua peregrinação, a princípio, parecia ter um propósito definido, misterioso. Ao revelar-se uma busca incessante pela proximidade concreta do outro, de qualquer outro, a situação se revela cada vez mais sinistra. Nada acontecerá de extraordinário, é apenas um velho solitário em busca de companhia.

Essa constatação torna o conto ainda mais sinistro, ainda mais aterrador: não é um assassino glamoroso, é apenas uma figura da grande cidade.

Mas talvez seja esse apenas um dos aspectos da solidão que o conto do Poe nos revela. Rosembaum[3] sugere uma perspectiva complementar, o progressivo interesse do narrador, que inicialmente se volta para as múltiplas figuras da multidão e que culmina no interesse pelo velho, poderia ser compreendido como uma metáfora da descida às entranhas da própria subjetividade. Essa viagem figuraria o resgate do indivíduo da massa a partir da solidão do sujeito que se perde para se reencontrar. A experiência da solidão guiada pelo encontro com o velho e elevada ao estatuto do autoconhecimento. Metáfora de uma análise?

Assim, dois planos se prefiguram, a dissolução do indivíduo na massa, e uma presença que propicia uma entrada nos labirintos da própria subjetividade.

---

3 Comunicação pessoal.

O espelho,[4] *Machado de Assis (1839-1908)*

"Quatro ou cinco cavalheiros debatiam, uma noite, várias questões de alta transcendência…". Assim o narrador começa a nos introduzir em sua atmosfera do relato. Sala pequena, iluminada a velas, "cuja luz fundia-se misteriosamente com o luar que vinha de fora".

Um dos cavalheiros, a quinta personagem, assemelha-se aos anteriores, mas destaca-se por seu estilo: embora parecesse astuto e instruído, abstinha-se de discutir. Mas, nessa noite, quando a conversa girou em torno da natureza da alma humana, Jacobina, assim chamava-se o distinto cavalheiro, resolveu fazer uso da palavra, narrando um episódio da sua vida por meio do qual exemplificou a sua teoria sobre a alma humana.

"não há uma só alma, há duas". Com essa primeira frase choca seus interlocutores. E continua. "Uma olha de dentro para fora, outra de fora para dentro. … A alma exterior pode ser um espírito, um fluido, um homem, muitos homens, um objeto, uma operação".

Exemplifica a enorme diversidade e transformações pelas quais a alma exterior pode passar. Dos objetos mais banais, como um chocalho ou um cavalinho de pau ao sentimento pátrio e o fascínio pelo poder. "Está claro, sustenta Jacobina, que o ofício desta segunda alma é transmitir a vida, como a primeira; as duas completam o homem, que é, metafisicamente falando, uma laranja. Quem perde uma das metades, perde naturalmente a existência; e casos há, não raros, em que a perda da alma exterior implica a da existência inteira".

Mas chega de metafísica e vamos para a história que Jacobina se põe a narrar: "Tinha vinte e cinco anos, era pobre, e acabava de ser nomeado alferes da guarda nacional. Não imaginam o acontecimento

4 Todas as citações são de Assis, 2001, pp. <autor indicar o intervalo de páginas do conto>.

que isto foi na minha casa". A personagem relata-nos em um texto vivo a alegria contagiante de sua família com a nomeação. Mãe, primos e tios, todos tomados por uma alegria "sincera e pura". Também despertara inveja em alguns dos seus colegas. Nesse contexto, é convidado por uma tia, Marcolina, que morava em um sítio "escuso e solitário" a muitas léguas da vila, para lá passar alguns dias, levando, é claro, sua farda.

Todos o chamavam de senhor Alferes, mãe, tia, escravos. Na mesa, tinha o melhor lugar e era o primeiro a ser servido. "O certo é que todas essas coisas, carinhos, atenções, obséquios, fizeram em mim uma transformação...". "O alferes eliminou o homem". Essa frase sintetiza a metamorfose, pela qual tudo falava do posto e nada do homem.

Um dia, tia Marcolina recebe uma má notícia: uma filha casada estava doente à morte na sua casa, distante do sítio. "Adeus, sobrinho! Adeus, alferes!". Viajou ao encontro da filha e pediu ao sobrinho para tomar conta do sítio. Jacobina ficou só, em companhia dos poucos escravos da casa.

"Confesso-lhes que desde logo senti uma grande opressão, alguma coisa semelhante ao efeito de quatro paredes de um cárcere, subitamente levantadas em torno de mim. Era a alma exterior que se reduzia; estava agora reduzida a alguns espíritos boçais". Segue-se um excessivo bom trato dos escravos que, na mesma noite, fogem do sítio.

"– Ouçam-me. Na manhã seguinte achei-me só. Os velhacos, seduzidos por outros, ou de motivo próprio, tinham resolvido fugir durante a noite; e assim o fizeram. Achei-me só, sem mais ninguém, entre quatro paredes, diante do terreiro deserto e da roça abandonada. Nenhum fôlego humano". Jacobina começa, então, a descrever as angustiantes sensações pelas quais é tomado. "Nunca os dias foram mais compridos, nunca o sol abraçou a terra com uma obstinação mais cansativa. As horas batiam século a século no velho relógio da sala... Não eram golpes de pêndulo, era um diálogo do abismo, um cochilo do nada. E então de noite! Não que a noite fosse mais silenciosa. O silêncio era o mesmo que de dia. Mas a noite era a sombra, era a solidão mais estreita ou mais larga".

A ironia machadiana, posta na boca dos interlocutores de Jacobina, intervém: "Parece que tinha um pouco de medo".

E ele continua:

"Oh! Fora bom se eu pudesse ter medo! Viveria". Relata uma situação mais aguda, tinha uma sensação inexplicável. Era como um defunto andando. Um boneco mecânico. Só o sono lhe propiciava alívio, sonhava que estava fardado no meio da família, dos amigos, faziam-lhe agrados, propostas de promoções: tudo isso trazia a sensação de que estava vivo. Fora esses momentos, sentia-se enlouquecer.

Após oito dias torturantes, resolveu se olhar no espelho. Espelho que foi evitado por um receio, assim expresso: "achar-me um e dois ao mesmo tempo, naquela casa solitária; e se tal explicação é verdadeira, nada prova melhor a contradição humana, porque no fim de oito dias, deu-me na veneta de olhar para o espelho com o fim justamente de achar-me dois". De fato, a experiência revelou-se assustadora, pois uma imagem enfumaçada representou-se no espelho. Difusa, sombria. Por um instante foi tomado por um impulso, vestir a farda de alferes. Então, vestido, enfrentou o espelho e o vidro reproduziu a imagem integral. "Era eu mesmo o alferes que achara a alma exterior. Essa alma ausente com a dona do sítio, dispersa e fugida com os escravos, ei-la recolhida no espelho. Daí em diante fui outro, cada dia a uma certa hora, vestia-me de alferes, e sentava-me frente ao espelho... Com este regime pude atravessar mais seis dias de solidão, sem os sentir...".

Comentário

Machado de Assis constrói o conto ao modo de uma argumentação científica. No primeiro momento, expõe sua tese que, posteriormente, será ilustrada pelos fatos. Mais que ilustrada, demonstrada.

A tese em si mesma já choca os seus contemporâneos, representados pelos outros quatro cavalheiros reunidos e atentos à exposição de Jacobina. Não se trata de uma tese menor, mas de nada menos do que questionar a unidade da alma humana. Mais ainda: com os exemplos, o autor nos oferece sua versão sobre o que constitui essa segunda alma. Ela é totalmente secular e mundana.

Não diz respeito, em absoluto, à relação do homem com nenhuma transcendência, "um botão de camisa, uma bota, uma polca". Está claro, diz Jacobina, "que o ofício desta segunda alma é transmitir a vida, como a primeira; as duas completam o homem, que é metafisicamente falando uma laranja. Quem perde uma das metades perde metade da existência, e há casos raros, nos previne Jacobina, em que a perda da alma exterior implica a existência inteira". É na exceção que Machado aponta a radicalidade da sua tese, é esse olhar de fora para dentro, essa imagem construída é um polo estruturante do Eu (*Lacan avant la lettre?*).

Contudo, não é na argumentação que o autor há de nos convencer de sua teoria, mas, sim, por meio dos fatos, pois estes "explicarão melhor os sentimentos, os fatos são tudo". Com essa postura, em que afirma seu realismo em contraposição ao trasbordar romântico que lhe antecede, que irá iluminar aspectos sombrios da alma humana.

Pouco sabemos da personagem principal da narrativa antes de sua nomeação, apenas que era pobre. Pobreza que também é expressa pela ausência de detalhes, como se sua vida anterior fosse algo que não merecesse ser relatada. Pobre, sem graça ou importância; efeito de contraste com o relevo que adquire a nomeação de "alferes da guarda nacional". A repercussão do fato é grandiosa. Orgulho, alegria, a família toda se mobiliza. Até fora da família, na vila, desperta admiração e inveja. Eis que, no meio de tanta euforia, surge o convite de tia Marcolina e o contraste novamente se presentifica, sua tia viúva morava "num sítio escuso e solitário".

Mas, assim que chega ao sítio, as comemorações, o tratamento especial do qual era objeto na sua vila, se repetem. "Tinha eu o melhor lugar e era o primeiro a ser servido". As deferências são inúmeras, até mesmo com a colocação de um belíssimo espelho em seu quarto. E Jacobina, então, nos conta que: "O alferes eliminou o homem". O uso das palavras é exemplar. No início tratava-se de uma teoria de duas almas, posteriormente uma poderia se tornar muito importante, agora descobrimos que uma é capaz de eliminar a outra.

A linguagem é bélica. Há um triunfo da alma externa, construída a partir de um papel social reverenciado e de uma destituição do vínculo com o outro que não esteja envolvido por essa esfera de interesse autorreferente. "Ficou-me uma parte mínima de humanidade... As dores humanas, as alegrias humanas, se eram só isso, mal obtinham de mim uma compaixão apática ou um sorriso de favor".

Tudo corre às mil maravilhas somente até o momento em que sua tia tem de se ausentar para visitar uma filha doente. Nuvens cinzas rondam a mente do alferes. Ele é invadido por uma série de sensações e sentimentos ligados a ter ficado só. Elas aparecem em uma multiplicidade de metáforas e temos a impressão de que o nível de angústia vai aumentando, chegando a um clímax no qual Jacobina parece perder as dimensões temporal e espacial. O Eu, desorganiza-se e sente-se próximo da loucura.

Eis alguns exemplos textuais dessa experiência:

- Sensações corporais de opressão: "senti uma grande opressão", "alma exterior reduzida".
- Metáforas espaciais: "quatro paredes de um cárcere", "terreiro deserto, roça abandonada", "o sol abraçou a terra com obstinação".

- Vivências temporais: "tempo que não transcorre", "*Never for ever! – For ever, never!*".
- Agudização da angústia: "diálogo do abismo, cochicho do nada", "à noite a solidão é mais estreita, mais longa".
- Sensações sinistras: "Era como um defunto andando, um sonâmbulo, um boneco mecânico".

Apenas no sonho sua imagem de alferes era reinvestida e isso lhe restituía um certo alívio. Mas chegando ao limite do desespero, resolve se olhar no espelho na tentativa de ver na sua imagem um outro humano, uma duplicidade que pudesse tranquilizá-lo. Mas mesmo esse ato lhe devolve uma imagem enevoada, sem contornos. Bela figura do autor, na qual o espelho devolve a Jacobina a imagem de seu estado despersonalizado e não integrado. Parece não haver saída até que ele resolve vestir a farda de alferes. Agora sim tudo parece que se reorganiza, o espelho devolve a alma exterior, Jacobina magicamente se organiza, pode prescindir do outro, pois o outro apenas era sua imagem de alferes refletida no espelho. Todos estavam a seu serviço, ou melhor, a serviço de reverenciar esse Eu engrandecido pela nomeação que o tirara da "pobreza".

A farda não deixa de ser uma metáfora atual, principalmente se a associarmos a fenômenos da adolescência. Nesse período de transição entre o mundo infantil e o adulto, as questões ligadas à identidade se agudizam. Vejo nos adolescentes com os quais trabalho em análise uma atitude muito ambivalente em relação à solidão. Em alguns momentos, ela é um recuo necessário diante de pressões do grupo ou de familiares, a busca de um espaço e tempo no qual possam se despir das máscaras e se deixar estar na companhia de si mesmos. Alguns adolescentes usufruem desse momento e podem povoá-lo de escritos, reflexões, uma sexualidade autoerótica. Outros vivem esses momentos com enorme angústia e buscam desesperadamente a farda, que possa lhes conceder uma referência e um lugar entre os pares e frente aos adultos. Estão às voltas com questões ligadas a identificação, transformações físicas e psíquicas extremamente mobilizadoras, criativas e também desestabilizadoras. Lembro-me de um adolescente, com traços esquizoides bastante acentuados, que um dia chegou à sessão com os olhos vermelhos, lacrimejando e após vários minutos pôde me contar que tivera uma experiência aterradora na última noite. Tratava-se de seu primeiro registro de uma polução noturna. A irrupção de uma sexualidade que não dominava o deixava aterrorizado, profundamente impotente e totalmente só face a seu corpo. As representações de si de que dispunha não lhe ofereciam repertório para lidar com essa transformação. Já outros jovens buscam nas suas respectivas "tribos" um elo de pertinência, um espelho que lhes devolva uma identidade, seja ela de surfistas, *clubers*, rapers, esportistas etc.

Mas se na adolescência essa relação solidão-identidade não é necessariamente patológica – pelo contrário, é conflito e experiência estruturante –, assistimos muitas vezes à impossibilidade de superação do conflito adolescencial. Nesses casos, vemos adultos vestindo identidades fardadas, como formas de se defender de conflitos que se sentem incapazes de enfrentar ou, quando a angústia é maior, de um vazio que domina suas existências.

A dificuldade de estar só no caso do alferes deve-se à impossibilidade de se reconhecer como indivíduo, de acompanhar-se de sua própria história, de memórias significativas e encadeadas. Sem a farda, foi-se o homem. A história individual do alferes parece alojada na farda, na representação social que ela significa, tanto socialmente quanto como possibilidade de representação de si mesmo.

Na clínica recebemos pessoas que ao perderem o emprego, ao se aposentarem ou perderem sua posição social parecem se defrontar com angústia semelhante à do alferes. É o espelho refletindo a farda que possibilita a retomada da identidade. Como se a identidade desses indivíduos estivesse colada à sua performance social.

A ânsia por adquirir bens de consumo que representem de alguma forma uma identidade ideal, idealizada, tão frequente atualmente, parece ser sinal de uma alma interior extremamente calcada na alma exterior, usando os termos do narrador.

A solidão nesses casos apavora porque o sujeito parece existir apenas para os outros, não se solidificou uma existência autônoma e firme. A pessoa precisa do olhar do outro para confirmar sua própria consistência e existência. Trata-se de um tipo de solidão caracterizado pela fragilidade identitária. O outro não representa companhia ou pertinência, mas um olhar reassegurador da própria existência.

O alferes, ao estar só, depara-se com um reflexo vazio de si mesmo. Ao confrontar-se consigo, sozinho, não encontra nada. É uma solidão de si mesmo. Não está desprovido apenas do olhar alheio, mas parece estar esvaziado, oco, sem reflexões e ideias a respeito de si mesmo. Esse vazio só será preenchido quando se lembrar do espelho. Mas apenas o reflexo da superfície fria não lhe devolve a alma perdida; é preciso que vista a farda para que se reencontre, para que os reflexos do espelho reflitam internamente e possam provocar um autorreconhecimento.

Esse tipo de solidão parece ser a mais absoluta: não há ninguém, nem fora de si, nem dentro de si, apenas a alma externa e suas representações.

O Horla,[5] *Guy de Maupassant (1850-1893)*

Era uma agradável manhã de maio e o narrador a passara deitado na relva defronte à sua casa. Sentia-se feliz lembrando-se de sua infância, das raízes que ligam o homem à sua terra, contemplando os navios que circulam pelo Sena. Eis que um deles chama sua atenção: "um soberbo

5 Todas as citações são de Maupassant (1986).

três mastros brasileiro inteiramente branco. Admiravelmente limpo e luzidio. Eu o saudei, não sei por que, tanto prazer senti ao vê-lo".

Passam-se alguns dias, sente-se febril, ou melhor, corrige-se, triste. "De onde vêm essas influências misteriosas que transformam em desânimo o nosso bem-estar, e a nossa confiança em desespero?" –, interroga-se o narrador. A partir desse momento começa uma série de interrogantes sobre o desconhecido, o invisível que afeta a alma humana. Sobre aquilo que não pode ser apreendido pelos sentidos.

Mas alguns dias se passam e seu estado piora, assim como também a "horrível sensação de um perigo iminente". É tomado por uma incompreensível inquietação. Acontece um primeiro pesadelo. Deitado dormindo sente alguém se aproximando, olhando-o, alguém que o apalpa, toma seu pescoço entre as mãos e tenta estrangulá-lo. Esses pesadelos passam a se repetir.

Resolve, certo dia, passear pelo bosque. "Acometeu-me de súbito um arrepio, mas não um arrepio de frio, mas um estranho arrepio de angústia. Apressei o passo, inquieto de estar sozinho naquele bosque, amedrontado sem razão, estupidamente, pela solidão profunda. De súbito me pareceu que estava sendo seguido, que andavam nos meus calcanhares, bem junto de mim, quase a tocar-me". Resolve ausentar-se, viaja por algumas semanas. Visita o monte Saint-Michel e fica fascinado pela paisagem. Volta recomposto, sente-se curado.

Entretanto, um segundo pesadelo volta a perturbá-lo. Alguém de cócoras sobre seu corpo com a boca sobre a sua, bebia sua vida dentre seus lábios, tal qual uma sanguessuga. Desperta aniquilado, exausto. Na noite seguinte, um novo episódio mais estranho ainda: ao dormir, bebe meio copo de água e repara que a jarra está cheia. Desperta de outro pesadelo e descobre que a jarra está vazia. "Minhas mãos tremiam! Tinham então bebido aquela água? Quem? Eu? Eu, sem dúvida? Não podia ser senão eu! Então, eu era sonâmbulo, eu vivia sem o saber, essa dupla vida misteriosa que faz pensar se não haverá dois seres em nós, ou se um ser estranho, irreconhecível e invisível, quando a nossa alma está entorpecida, não animará por momentos o nosso corpo cativo, que obedece a este outro, como a nós mesmos, mais que a nós mesmos". Os episódios vão se sucedendo, novamente bebem a água. Sente-se enlouquecendo.

Viaja a Paris na tentativa de se recompor. Passeios, visitas, teatro. "A solidão é perigosa para as inteligências que trabalham. Precisamos em torno de nós de homens que pensem e falem. Quando permanecemos muito tempo sozinhos, povoamos o vácuo de fantasmas".

Se por um lado foge de suas experiências torturantes, encontra em Paris um médico interessado em doenças nervosas e manifestações extraordinárias. Por outro, assiste, ceticamente, ao médico hipnotizar sua prima. Fica impressionado com a experiência. Relembra do relato do monge no monte Saint-Michel. Volta para sua casa e novas experiências ocorrem, o teor visual delas aumenta.

"Ele não se manifesta, mas eu o sinto perto de mim, espiando-me, olhando-me, penetrando-me, é mais temível assim oculto do que se manifestasse por fenômenos sobrenaturais, a sua presença invisível e constante…". "Estou perdido, alguém possui a minha alma e a governa! Alguém ordena todos meus atos, todos meus gestos, todos meus pensamentos. Eu nada mais sou em mim, nada mais sou do que um espectador, escravizado e aterrorizado de todas as coisas que eu faço. Eu desejo sair. Não posso".

Nossa personagem encontra-se paralisada, aterrorizada. Procura desesperadamente se informar sobre a natureza fantástica desses seres misteriosos que parecem habitar nosso mundo em outra dimensão. Uma nova aparição: vê no seu quarto as folhas de um livro se mexerem animadas por um ser invisível, logo a cadeira se mexe e a janela bate. Como se esse ser tivesse fugido. É assaltado pela ideia de que poderá pegá-lo.

Enquanto isso, lê em uma revista científica que uma epidemia de loucura foi descoberta no Brasil, as pessoas se dizem perseguidas por seres invisíveis, espécie de vampiros que se alimentam de suas vidas bebem suas águas e leites. Associa isso ao belo navio de três mastros que vira um tempo atrás. "Ora, eu sei, o reinado do homem está findo. Ele veio, eu o escuto... parece-me que ele grita seu nome... repete... Horla... O Horla... ele veio!".

Decide matá-lo. Mas antes de consumar esse ato, uma outra cena que envolve o espelho: estava em seu quarto à sua espera, fingindo que escrevia, quando pressente sua presença por cima do ombro.

"Ergui-me, com as mãos estendidas, virando-me tão depressa que quase caí. Mas que...? Enxergava-se como em pleno dia, e eu não me vi no espelho. Ele estava vazio, claro, profundo, cheio de luz! A minha imagem não estava lá dentro... E eu me achava ali defronte... E olhava para aquilo com meus olhos desvairados; e não ousava mais avançar não ousava fazer mais um movimento, ciente, no entanto, de que ele ali estava, mas que me escaparia ainda, ele cujo corpo imperceptível havia devorado meu reflexo."

Instala janelas e portas de ferro no seu quarto, arma uma cilada para prendê-lo. Assim, em uma outra hora que pressentiu sua presença, consegue manter as janelas fechadas, sai de costas pela porta e põe fogo na casa.

Assiste à cena dantesca do fogo devorar a casa. Mas fica se interrogando sobre a morte desse diabólico ser. Será que morreu a morte dos mortais?

"Não... não... sem dúvida nenhuma, sem dúvida nenhuma... ele não está morto... Então... vai ser preciso agora que eu me mate!"

Comentário

Desde as primeiras páginas, Maupassant convida-nos a penetrar no mundo fantástico. A realidade objetiva é sistematicamente posta em questão por uma outra realidade, que assombra e atormenta. São múltiplos os fenômenos que o narrador constata ao lado do eixo central do texto. Todos contribuem para criar uma atmosfera na qual a realidade objetiva é apenas uma pequena ilhota em um mar de "influências misteriosas que transformam em desânimo o nosso bem-estar, e a nossa confiança em desespero".

O desconhecido e o invisível exercem um fascínio e um tormento. Atração e repulsa; parece que o conto transcorre nessa duplicidade ambivalente. Há algo que chama, atrai, mas sua proximidade, desorganiza a alma e a destrói. Os momentos em que o autor especula sobre a natureza do desconhecido, o encontro com o monge no monte Saint-Michel, a experiência com o hipnotizador, assinalam a sua atração, o poder de imantação que essa realidade misteriosa exerce e sua tentativa de compreendê-la. A outra vertente, menos reflexiva, dita o ritmo dos acontecimentos. Deitado na grama, entregue a um prazeroso devaneio, um barco brasileiro "inteiramente branco, admiravelmente limpo e luzidio" desperta enigmaticamente sua atenção. É o início do confronto com os seus fantasmas. O Horla, personificação imaginária do desconhecido, ataca impiedosamente. Sem recursos para enfrentá-lo, ele domina o narrador progressivamente e se apossa de sua mente até conduzi-lo à loucura.

Não é por acaso que Maupassant escolhe o diário como forma narrativa. Forma privilegiada de expor sentimentos e vivências, adquiriu notável importância no século XIX para externalizar os sentimentos do Eu na sua diversidade. Mas não só por isso, o diário expressa a profunda solidão da personagem em enfrentar seus fantasmas. Não se trata de ausência de pessoas. Tanto é assim que várias personagens desfilam pelo texto, às quais poderia recorrer como fonte de auxílio. Mas esse é um dos paradoxos dessa solidão: a personagem torturada por seus fantasmas, mergulha neles sem outro ouvinte a não ser o seu diário. Não é uma solidão imposta pelos outros, nem uma solidão intencionalmente buscada. É a solidão do homem consigo mesmo, com a dimensão desconhecida de si mesmo.

O desconhecido desde o início do conto ameaça. "Estou doente, decididamente. E também que eu estava no mês passado! Estou com febre, uma febre atroz, ou antes, um envenenamento febril, que torna a minha alma tão enferma quanto meu corpo. Tenho sempre essa horrível sensação de um perigo iminente que está para chegar, ou da morte que se aproxima, esse pressentimento que é sem dúvida o pressentimento de um mal ainda desconhecido, germinando no sangue e na carne". Há uma ameaça agindo no próprio corpo corroendo sua alma e suas entranhas. Os banhos sugeridos pelo médico pouco ajudam. Resolve fazer um passeio pelo bosque, nele metaforiza sua solidão desesperadora. "Acometeu-me de súbito um arrepio, não um arrepio frio, mas um estranho arrepio de angústia. Apressei o passo, inquieto de estar sozinho naquele bosque, amedrontado sem razão, estupidamente, pela solidão profunda. De súbito me parece que estava sendo seguido, que andavam nos meus calcanhares, bem junto de mim, quase a tocar-me. Voltei-me bruscamente. Estava só. Apenas vi atrás de mim a reta e longa alameda, deserta, alta, assustadoramente deserta, e do outro lado ela também se estendia a perder de vista, sempre igual, terrível".

Nada que possa apaziguar a invasão da angústia, como se a vida fosse essa longa estrada cercada de outros, mas sem nenhum consolo. O indivíduo só na multidão, como aparece em Poe e Flaubert.

Não há esperança, a alameda deserta se estende até o horizonte. A solidão se aproximando da melancolia.

Progressivamente, o autor nos informa nas entrelinhas da história sobre a natureza do Horla. Os seres imaginários, do qual o monge fala, essas cabras com feições humanas, seres híbridos entre o animal e o humano, a experiência em que a prima é hipnotizada e executa um comportamento sob essa influência, o segundo sonho no qual o Horla bebe sua vida dentre seus lábios, preparam o leitor para o misterioso evento que se seguirá.

A jarra de água aparece vazia, quem a bebera? Aqui, o tema da duplicidade da alma aparece explicitado. "Tinham então bebido aquela água? Quem? Eu? Eu, sem dúvida? Não podia ser senão eu! Então eu era sonâmbulo, eu vivia sem o saber, essa dupla vida misteriosa que faz pensar se não haverá dois seres em nós, ou se um ser estranho, irreconhecível e invisível, quando a nossa alma está entorpecida, não animará por momentos o nosso corpo cativo, que obedece a esse outro, como a nós mesmos, mais que a nós mesmos". Embora o episódio da jarra vazia aporte um elemento fantástico à narrativa, tornando mais real e aterradora a presença do Horla, ao mesmo tempo ela introduz com maestria o tema do duplo, da duplicidade da alma humana, de algo que comanda para além da consciência, como já se antecipara no episódio do hipnotismo (como atesta o próprio nome do conto: provavelmente derivado de *hors* de lá, daquilo vindo de fora).

Faz nova viagem, pois precisa evitar a solidão, afinal "é perigosa para as inteligências que trabalham. Quando permanecemos muito tempo sozinhos povoamos o vácuo de fantasmas". Essa duplicidade, que pouco a pouco é construída no texto, o acompanha até o fim.

Desesperado, inventa um plano para acabar com o Horla, pondo fogo nele e na sua casa, mas a última frase do conto é reveladora da sua duplicidade: "só poderia dar fim ao Horla se pusesse fim à sua própria vida".

A solidão de que trata o conto é geradora de ansiedades psicóticas. O navio, que tem a bandeira do Brasil, é branco e brilhante, parece desencadear uma série de fantasias até então adormecidas sobre a natureza dos sentimentos e a origem das sensações desagradáveis vividas pela personagem. O navio com bandeira estrangeira, palco de notícias aterradoras sobre fenômenos ali ocorridos, aproximando-se da personagem, pode ter desencadeado um processo marcado pela ameaça de ataques terroríficos, frente às quais a personagem se sente cada vez mais impotente e temerosa. Está só, sem recursos para identificar de onde partem essas ameaças e com sua capacidade de discriminação entre si mesmo e o outro cada vez mais prejudicada. Ao se deparar com a solidão, a personagem perde a noção de si mesma, como um ser integrado e contínuo. Poderíamos dizer que aos poucos ocorre um processo de cisão psicótica, gerando estranhamento, sensações de despersonalização e de não reconhecimento de si. Esse processo pode ser comparado às ansiedades dos bebês quando privados de alívio para suas necessidades imediatas. Ainda em processo de formação de identidade, os bebês tendem a interpretar, como no conto, as adversidades sofridas como ataques provindos de um outro imaginário. Ao mesmo tempo, há uma tênue impressão de que o ataque provém de si mesmo, como fica claro no fim do conto. De alguma forma, a personagem sabe que o Horla não vem de fora, mas está dentro de si mesmo, e só se matando haverá alívio para essa ameaça constante.

Como fenômeno psicótico, a solidão tem aqui um caráter diferente dos outros contos citados. Parece referir-se a pessoas e objetos fragmentados, não inteiros nem permanentes, assim como fragmentada e não permanente é a própria noção de si. Do mesmo modo que a personagem se vê assaltada por ansiedades persecutórias terríveis e não pode identificar que são seus próprios pensamentos e fantasias, o duplo criado – o Horla, também é um ser fragmentado, sem história contínua nem consistência definida. Assim, vemos que a história vai construindo duas personagens principais, ambas fragmentadas, misteriosas e pouco consistentes: o protagonista e seu duplo – O ser que persegue, o outro, revela características muito semelhantes ao ser que se vê por ele perseguido.

A fera na selva,[6] *Henry James (1843-1916)*

Essa história envolve dois personagens, John Marcher e May Bartram, que se encontram na visita a uma mansão. Tinham se conhecido há dez anos em uma viagem pela Itália.

6 Todas as citações são de James (1997).

A lembrança do primeiro encontro, muito mais viva em May, faz com que a relembre. Até esse momento, nada de especial ocorre, até que May revela um segredo que Marcher tinha lhe confessado no primeiro encontro. "Contou que sempre teve, desde os primeiros tempos, como a coisa mais profunda dentro de você, a sensação de estar sendo poupado para algo raro e estranho, talvez prodigioso e terrível, que mais cedo ou mais tarde acabaria acontecendo. Que tinha esse pressentimento, essa convicção, e que isto seria capaz de esmagá-lo". Marcher surpreende-se com a confissão que jamais tinha feito para ninguém. Na conversa entre ambos, ele se mostra completamente ignorante do que poderia ser esse acontecimento, e May, mais em contato com suas próprias emoções e sentimentos, sugere sutilmente, "não seria talvez isso que você descreve como uma expectativa ou, de qualquer maneira o senso de perigo, familiar a tanta gente, de vir a amar alguém?".

Ele fica distante, se interroga, em uma sequência de infindáveis cavilações que será a tônica dessa personagem. May, complacentemente, decide esperar o momento em que talvez alguma coisa aconteça, o que conforta John. Espera esta que os leva a desenvolver uma "terna amizade", que se estenderá por toda a vida.

Embora a história nos seja relatada por um narrador externo, há um foco no diálogo interior de Marcher consigo mesmo. Quando refletia sobre sua relação com May pensava que "a forma verdadeira que deveria ter assumido, nas bases que se impunham, era a do casamento. Mas o diabo era que as próprias bases afastavam qualquer possibilidade de casamento. Sua convicção, sua apreensão, sua obsessão em suma, não era um privilégio do qual se podia convidar uma mulher a participar; e este era exatamente seu problema. Alguma coisa estava lá, a esperá-lo, nas curvas e torneio dos meses dos anos, como uma fera à espreita na selva. Pouco importava se a fera na tocaia deveria matá-lo ou ser morta. O ponto definitivo era o bote inevitável do animal; e a lição definitiva era que um homem sensível não impõe a si mesmo ser acompanhado por uma senhora numa caçada de tigres. Esta era a imagem de sua vida, que ele acabara delineando". Assim, cabe a ambos aceitar esse destino traçado pela sua crença aparentemente inabalável. Desempenhavam papéis sociais juntos, frequentavam a ópera, o teatro. "Ela seguia sua dolorosa perversão... Assim enquanto envelheciam juntos, ela realmente esperou com ele, e deixou que esta associação desse forma e cor à sua própria existência".

Os diálogos sucedem-se, a obsessão de Marcher por chegar a compreender a natureza, de fato excepcional, que iria transformar sua vida, a linguagem indireta, mas complacente de May que disposta a não o ferir, sugere, mas não avança...

May adoece. "Ele sentiu naqueles dias algo que estranhamente nunca sentira antes: o crescente pavor de perdê-la por alguma catástrofe que, no entanto, não seria absolutamente a catástrofe – em parte porque ele começara quase de repente a lhe dar a impressão de ser mais útil para ele do que nunca até ali, e em parte devido ao mesmo tempo à saúde vacilante que ela apresentava ultimamente". Pela primeira vez o universo de suas crenças parece abalado. Algo de novo surge a partir da doença de May. Quando soube que realmente se tratava de algo mais sério "sentiu a sombra de uma mudança e o calafrio de um choque". Em um primeiro momento pensa sobre a possibilidade de ela morrer e não assistir ao grande acontecimento, afinal ela havia dedicado sua vida à espera disso. Sentia culpa de que a espera dela tivesse sido em vão. Tinha se dado conta do passar do tempo, via-a mais velha e a partir dessa percepção reparou que o tempo também havia passado para ele. "Não teria sido fracasso ter falido, ter sido desonrado, exposto à execração pública, enforcado; o fracasso era não acontecer nada".

John, então, a visita em uma tarde de outono. Desde o avançado estado de sua doença, May reunia suas forças em uma última tentativa de mobilizar os sentimentos de John. "Com seus passos leves, ela tinha diminuído a distância entre eles, ali ficou um minuto mais próxima, bem perto dele... O fim, entretanto, foi que o que ela esperava não veio. Ela se deixou perpassar por um lento e tênue estremecimento, e embora ele continuasse a olhá-la – embora de fato olhasse mais intensamente – ela em seguida voltou-se e retornou à sua poltrona. Era o fim do que ela tinha pretendido, mas o deixou pensando apenas nisso". Foi a última chance de um encontro. Dias depois ela morreu.

Marcher interroga-se mais uma vez sobre qual seria a coisa que iria acontecer e, por um instante, tem a sensação de que a coisa estava acontecendo.

"Ela morrendo, a morte dela e a sua consequente solidão – isto vinha a ser a Fera na Selva, isto era o que estava no colo dos deuses. O que estava para acontecer havia acontecido. ... teria de viver inteiramente com a outra questão – a de seu passado não identificado, a de seu destino definitivamente mascarado e amordaçado."

Após a morte de May, viajou pelo mundo. Com a distância e o tempo ela se tornara para ele "sua única testemunha de uma glória passada". No seu retorno, o túmulo de May era seu único consolo. Até que um dia no cemitério, vê um homem chorar no túmulo de uma mulher. Identificado com a dor, reconhece a sua.

"Nosso destino, entretanto, jamais se frustra e no dia em que ela lhe contou que o seu estava selado, não pode mais que ignorar a salvação que lhe oferecia. A salvação teria sido amá-la, assim, só assim ele teria vivido. Ela vivera – quem agora poderia dizer com que paixão? –, pois o havia amado por ele próprio; ao passo que ele jamais havia pensado nela, senão na frieza do egoísmo e à luz do proveito próprio". Horrorizado, Marcher acorda do seu prolongado sono. E, assim, conclui James a sua novela:

"Viu a selva de sua vida e viu a Fera na tocaia – então enquanto olhava, viu como uma vibração no ar, que ela saltava, enorme e horrenda, para o bote que deveria liquidar com ele. Seu olhar se escureceu – a fera ali junto – e na sua alucinação, virando-se instintivamente para escapar, tombou de face sobre o túmulo."

Comentário

O abuso de citações para resumir a novela é produto da dificuldade e fruto do desejo. Dificuldade em reconstruir a maravilhosa narrativa de James e desejo de aproximar o leitor dela. Pois é na sutil trama das construções de linguagem que o autor consegue apresentar para os leitores a angústia do que não pode acontecer, a solidão das personagens, a desesperada tentativa de um encontro que se anuncia, mas nunca se concretiza, de uma consciência atormentada que busca permanentemente e não percebe que aquilo que teme e mais deseja está à sua frente. E depois, quando o conhecimento chega, é tarde demais...

As histórias de amor sempre foram território propício para abordar o paradoxo da solidão humana, os amores impossíveis, essa tentativa de encontrar no outro a completude ansiada. A novela de Henry James faz de uma história de amor "uma tragédia moderna do autoconhecimento", como diz Modesto Carone (2001, p. 2).

Marcher, obstinado na busca da sua verdade, naquilo que criara imaginariamente para si mesmo, encontra-se impossibilitado de olhar a não ser o que quer ver. E percebe sim, a solícita May, sua doçura, o cuidado que lhe devota, a toma parceira do seu empreendimento, mas não se pergunta o que a move nessa parceria. E nós leitores, também nos perguntamos sobre a estranha paixão que May alimenta e que a faz submeter-se a esse relacionamento. May e John encenam seu encontro-desencontro.

À espera de um acontecimento, essa é a condição que rege a subjetividade de Marcher e que acaba envolvendo May, o presente se encontra totalmente subordinado a um futuro que, levado ao extremo, poderíamos dizer que se encontra alienado na promessa de um futuro que nunca chega. Estratégia que mantém as personagens em um estado de permanente excitação, mas sem possibilidade de realização, "como uma fera à espreita na selva", sempre pronta a dar o bote, mas sem poder concretizá-lo.

A leitura transmite esse estado de espírito e, como leitores, começamos a experimentar um sentimento ora de angústia, ora de irritação com as personagens. Há uma hostilidade que progressivamente se desenvolve entre ambos os partícipes do romance. No segundo capítulo da novela, há um diálogo no qual a ironia revela a ambivalência dos sentimentos. "– Nossos hábitos pelo menos salvam você, não está vendo? Porque fazem com que você acabe sendo aos olhos de todos, como um homem qualquer...". Para logo se referir a esse hábito dos homens de passar a maior parte do tempo com mulheres tolas e ela mesma se reconhecendo como tal. "Isto cobre suas pegadas". Por outro lado, ele revida: "– Claro que entendo o que você quer dizer com me ter salvo, desta ou daquela maneira, aos olhos dos outros. Mas o que salva você?". Há uma percepção das limitações que os unem, e um mal-estar que cerca o campo da relação.

É a doença de May que precipitará o desenlace da trama, quando a temporalidade ganha uma dimensão de presente até então inexistente. É a revelação de que a espera estava a serviço de nada acontecer, de manter um congelamento da ação, de uma falação sobre o acontecimento para não mergulhar no mundo afetivo ameaçador. Mas a iminência da perda deflagra a angústia insuportável, travestida de culpa em um primeiro momento, mas que aos poucos pode ser reconhecida como dor.

Nessa história de amor, a solidão aparece no contexto de uma relação amorosa. São dois indivíduos que se encontram, relacionam-se e se amparam durante a trajetória de suas vidas. Entretanto, Marcher idealiza o encontro, nutre uma expectativa grandiosa e idealizada sobre si mesmo e seu destino extraordinário. Não se dá conta do que lhe falta nem do que possui, como se estivesse constantemente esperando o futuro para ver repetida uma experiência passada de total satisfação, da qual não tem consciência.

Marcher age como se não tivesse parâmetros próprios para observar e avaliar suas sensações quer de satisfação, quer de insatisfação. Todas as experiências vividas parecem ser comparadas à revelação vindoura, ao grande acontecimento que está por vir, aguardado como uma fera na selva, com grande ansiedade e total devoção.

Não sobra a Marcher outra saída que mirar atenta e cuidadosamente para essa fera, impedindo-se de viver seu presente e de se dar conta de que o grande acontecimento já se dera.

May, por seu lado, sabe que encontrou seu parceiro, acompanha-o em sua busca como um fiel escudeiro. Sua solidão parece menos profunda que de Marcher, pois tem contato com seus sentimentos e frustrações. Parece servir-se da companhia de si mesma para lidar com a solidão.

Já Marcher não dispõe de registros precisos de si mesmo, espera revelar-se a si mesmo quando o momento grandioso ocorrer. É como o homem que estivesse permanentemente consciente da possibilidade da morte e não pudesse usufruir a vida.

A solidão à qual Marcher e May se condenam mutuamente é a solidão neurótica, na qual existe a impossibilidade de apoderar-se daquilo que está à disposição, de usufruir o presente. Ao ater-se apenas ao futuro e à fera oculta nele, ambos se impedem de se reconhecerem reciprocamente como companheiros e parceiros amorosos. É apenas na hora da perda que Marcher descobre o que possuía.

A construção,[7] *Franz Kafka (1883-1924)*

"Instalei a construção e ela parece bem-sucedida. Por fora é visível apenas um buraco, mas na realidade ele não leva a parte alguma,

7 Todas as citações são de Kafka (1999).

depois de poucos passos já se bate em firme rocha natural. Não quero me gabar de ter executado deliberadamente esta artimanha, o buraco era muito mais o resto de uma das várias tentativas frustradas de construção, no final, porém pareceu-me vantajoso deixá-lo destapado."

Com essas palavras, Kafka (1999), na tradução de Modesto Carone, inicia seu relato – trata-se de uma construção da qual aos poucos compreendemos os secretos objetivos: viver enterrado em um buraco, sob a ilusão de possuir um abrigo que proteja o protagonista dos inimigos. Perante a dificuldade de sintetizar essa novela optei por apresentar citações de alguns trechos, quase aforismos sobre a solidão, que reconheço centrais para o tema que nos ocupa. Acredito que transmitirão ao leitor o impacto e a força da escrita kafkiana.

"A uns mil passos de distância desta cavidade localiza-se, coberta por uma camada removível de musgo, a verdadeira entrada da construção, ela está tão segura como algo neste mundo pode ser seguro..."

"Preciso ter a possibilidade de uma saída imediata, pois apesar de toda vigilância, não posso eu ser atacado por um flanco totalmente inesperado? Vivo em paz no mais recôndito de minha casa, e enquanto isso o adversário, vindo de qualquer lugar, perfura lento e silencioso seu caminho até mim."

"E não são apenas os inimigos externos que me ameaçam. Existem também os que vivem dentro do chão. Nunca os vi ainda, mas as lendas falam a seu respeito e eu creio firmemente nelas. São seres do interior da terra e nem a saga consegue descrevê-los."

"Pobres andarilhos sem casa, nas estradas do campo, nas florestas, no melhor dos casos escondidos num monte de folhas ou na mantilha dos camaradas, entregues aos estragos do céu e da terra!"

"Tivesse eu alguém em quem pudesse confiar, a quem pudesse colocar em meu posto de observação, então eu seria capaz de descer assegurado. ... E a confiança? Será que posso acreditar, naquele em quem confio olho a olho, igualmente quando não o vejo e a cobertura de musgo nos separa? É relativamente fácil confiar em alguém que ao mesmo tempo se vigia ou pelo menos se pode vigiar; talvez seja até possível confiar em alguém à distância, mas do interior da construção, ou seja, a partir de um outro mundo, confiar plenamente em alguém de fora, eu julgo impossível."

"Não, tudo resumido não preciso de jeito algum lamentar que estou sozinho e não tenho ninguém em quem possa confiar. Com isso não perco seguramente nenhuma vantagem e é provável que me poupe prejuízos. Confiança só posso ter em mim mesmo e na construção."

Comentário

O homem solitário que constrói para si um abrigo que o proteja das ameaças externas e internas, tema dessa história, parece retratar com dramática verossimilhança a angústia de muitos. O contato com o outro e com seus próprios conflitos internos é compreendido como tão ameaçador e aterrador que obriga o indivíduo a fechar-se em si mesmo, a evitar movimentos expansivos, a escapar do contato com o mundo, a estar permanentemente alerta e precavido para o ataque que inevitavelmente virá, embora não consiga localizar de onde, nem com que intensidade.

É o homem encurralado, que não caminha ereto, mas rastejante e oprimido por seu medo e pelo peso de sua própria fortaleza, construída para protegê-lo, mas que acaba esmagando-o.

Trata-se aqui de uma solidão defensiva. Ao mesmo tempo que estar só é angustiante, é o alheamento e o isolamento que protegem a personagem das ameaças. Ele sabe que tem pontos fracos, que não consegue bloquear totalmente a entrada do inimigo externo, pois sempre há necessidade de deixar um flanco aberto, sob o risco de impedir a entrada de ar. Ao mesmo tempo, está sujeito aos inimigos internos, que já se instalaram em sua construção e cuja ameaça sorrateira é sempre presente. O inimigo interno corrói e mina os recursos tão duramente coletados e preservados. O inimigo externo é esperado como um ataque mais maciço, mas não menos ameaçador.

A personagem reconhece quão árduo é seu labor, dá-se conta da solidão na qual se encontra, mas o contato com o externo, com o outro, é percebido como pura ameaça à sua integridade. Não há registro no conto de um outro reconfortante, desejado ou reassegurador. É a história de um homem acuado e perdido em seu próprio labirinto, cujo único estado possível é o estar só.

O cuidado com a construção consome tempo, tempo que é vivido como infinito. Não há discriminação entre a construção e si mesmo. É como se uma e outro, pouco a pouco, se tornassem um só. Muitas vezes, vemos indivíduos que fizeram da doença mental ou física sua identidade. Nesse processo, a subjetividade se aliena em um órgão, em uma dor. Alienação em uma ordem racional como observada na neurose obsessiva ou no delírio paranoico como forma de defesa frente a um caos devastador.

O indivíduo exilado voluntariamente em sua morada protege-se e padece. Metáfora das limitações humanas, expressão de um desvalimento capaz de projetar no mundo exterior as mais terríveis ameaças ou a desagregação que vem do interior. Observo em analisandos, exilados voluntários ou não, o drama de se sentirem incompreendidos, de criarem sintomas hipocondríacos, de viverem incompreendidos a falta de pertinência muitas vezes como desprezo pela comunidade que os acolhe. Reforçar por meio da estrangeridade o estrangeiro em si mesmo que por não conseguir enfrentá-lo parece ameaçar até a morte.

3. Solidão e psicanálise

> *Ameaçadora para sua sobrevivência, a solidão não largará mais esse homem, essa mulher; separados pela primeira vez depois de nove meses de convivência afinada com a mãe, que é arrebatada por esse grito de solidão primeira, por esse grito de necessidade dela, esse grito de vida que, para ela é a primeira linguagem de seu lactante.*
>
> (Dolto, *Solidão*, 1995/1998)

Panorama geral

Na clínica cotidiana deparamo-nos, como não poderia deixar de ser, com múltiplas modalidades de ser na solidão. Isso aponta para certas particularidades de organização do psiquismo. Nem sempre a pesquisa psicanalítica direcionou seu foco para investigar certos estados afetivos. Aspectos estruturais e dinâmicos foram privilegiados, o estudo dos sentimentos estaria, para alguns autores, mais próximo de uma fenomenologia das emoções.

Na minha experiência clínica e na de outros colegas tenho constatado a insistência dessa temática no trabalho analítico com diferentes analisandos. Percebo modalidades singulares da solidão emergirem nas suas vidas e no contexto transferencial.

Foi por ocasião da redação de um trabalho clínico, a respeito da análise de uma jovem paciente, que entrei em contato com o trabalho de Rosalato (1974): um interessante texto dedicado ao estudo do que ele denomina "Psicopatologia da solidão". Na época chamava muito minha atenção o uso que essa paciente fazia dos seus sentimentos ligados à solidão, um masoquismo que se instalava na sessão e os convites velados ou explícitos a participar de seu sofrimento, conduzindo o analista a sensações de fracasso e desalento.

Rosalato abriu a perspectiva para o estudo das diferentes modalidades de solidão e do uso que o sujeito pode fazer dessa na relação com o outro. Há uma ênfase nos aspectos narcísicos e sadomasoquistas inerentes a certos estados de solidão. A abordagem estrutural realizada por Rosalato o leva a privilegiar a função da solidão em diferentes estruturas clínicas: histeria, neurose obsessiva, perversões e psicoses. Esse trabalho abriga um particular interesse na medida em que alude à solidão não apenas como estado ou afeto, mas como uso inconsciente (estratégia) que o analisando pode fazer dela. Teremos oportunidade de discutir suas ideias posteriormente, apenas o apresento neste momento pelo seu poder inspirador, para me aventurar nessas paragens desertas, porém cheias de vida.

Ao constatar a limitação de qualquer tentativa redutora que vise homogeneizar esses estados e sentimentos ou afetos a eles ligados, tenho optado por uma atitude investigativa na qual me percebo um visitador de solidões. Nesse território lidamos com campos subjetivos nos quais se destacam temas fundamentais da teoria psicanalítica como: separação, ausência, narcisismo, identificação, dependência, autonomia, capacidade de simbolização e sublimação.

Ao longo do período da pesquisa, realizei um levantamento bibliográfico de trabalhos psicanalíticos voltados para o tema. Os autores serão solicitados no decorrer do texto, à medida que puderem esclarecer certos aspectos das solidões visitadas. Neste capítulo aponto apenas alguns trabalhos clássicos, que servem de referência básica para um pensamento metapsicológico sobre a solidão. Não pretendo ser exaustivo, viso apresentar as perspectivas a partir das quais a solidão foi encarada como objeto de reflexão, criando assim um campo comum com o leitor, com base no qual tentaremos aprofundar nossa compreensão. Acima de tudo iluminar, por meio dos textos, casos e teoria, regiões da subjetividade humana nas quais a solidão se faz presente. Procurar compreender de que forma ela o faz e como ela é e como os sujeitos lidam com ela.

Freud não dedicou à solidão um trabalho específico. Ela é associada, no início da sua obra, a outras duas situações que falam das angústias infantis: o silêncio e a escuridão. Assim, se solidão é associada à angústia na vida infantil será preciso compreender o que liga seus destinos.

Encontramos uma referência esclarecedora:

> *Muitas dessas fobias são deveras enigmáticas para nós; contudo, outras, tais como o medo de estar só e o medo de estranhos, podem ser explicadas de forma convincente. As solidões, assim como um rosto estranho, despertam na criança um anelo por sua mãe, a quem conhece tão bem: a criança é incapaz de controlar sua excitação libidinal, não consegue mantê-la em suspenso e transformá-la em angústia. Essa angústia infantil deve, pois, ser considerada não como pertencente ao tipo realístico, e sim, neurótico. As fobias infantis e a expectativa ansiosa da neurose de angústia nos oferecem dois exemplos da maneira como se origina a angústia neurótica: transformação direta da*

> *libido. Logo viremos a conhecer um segundo mecanismo, que se revelará não muito diferente do primeiro. (Freud, 1933/1986h, p. 77)*

Temos aqui uma importante referência metapsicológica de Freud na tentativa de compreender o medo, o desconforto, a angústia ligada ao estar só. Ela é formulada no recurso à sua primeira teoria da angústia, segundo a qual o mecanismo principal é a transformação da libido, transformação de estado de excitação em angústia. Duas diferentes situações obtêm o mesmo esclarecimento – o medo de estar só e o medo dos estranhos. Ambos revelam para Freud que a ausência da pessoa amada pela criança se transforma em anelo não satisfeito, que dá lugar à angústia.

Em "Três ensaios sobre a teoria da sexualidade" (1905/1986l), Freud estabelece uma interessante correlação entre a infância e a vida adulta, no que diz respeito à angústia infantil:

> *A angústia das crianças não é, originariamente, nada além da expressão da falta que sentem da pessoa amada; por isso elas se angustiam diante de qualquer estranho; temem a escuridão porque, nesta, não veem a pessoa amada, e se deixam acalmar quando podem segurar-lhe a mão na obscuridade . . . Só as crianças propensas ao estado de angústia é que acolhem essas histórias, que em outras não causam nenhuma impressão; e só tendem ao estado de angústia as crianças com uma pulsão sexual desmedida, ou prematuramente desenvolvida, ou que se tornou muito exigente em função dos mimos excessivos. Nesse aspecto, a criança porta-se como o adulto, na medida em que transforma sua libido em angústia quando não pode satisfazê-la; e inversamente, o adulto neurotizado pela libido insatisfeita comporta-se como uma criança em*

> *sua angústia: começa a sentir medo tão logo fica sozinho, ou seja, sem uma pessoa de cujo amor se acredite seguro, e a querer aplacar esse medo através das medidas mais pueris. (Freud, 1905/1986l, p. 204, tradução nossa)*

Mais uma vez temos a referência à sexualidade na origem da angústia, mas com um acréscimo esclarecedor, o que pode ser normal na vida da criança – a ausência da pessoa amada – pode se transformar em sintoma na vida adulta. O neurótico teme a solidão e procura evitá-la. Procura, concretamente, aplacar sua angústia por meio de uma demanda de amor a um objeto, substituto inconsciente daquele que, não sabe, está irremediavelmente perdido.

Assoun (1998) investigou a origem etimológica da palavra solidão, em francês remete a "*souleur*" (podemos cunhar talvez o neologismo "solidor"), que designa no século XIII aquilo que se tornará solidão, mas cujo significado aponta a "pavor súbito" (Dauzat, como citado em Assoun, 1998, p. 78, tradução nossa).

Esse significante, que funde solidão e dor, condensa o sentimento de muitos indivíduos face ao estar a sós consigo mesmos, como se eles experimentassem o mais profundo desamparo. Como diz o autor:

> *A solidão não é, portanto, simples privação, ela é hipersensibilidade à ausente presença do outro . . . Eis o princípio capital que se desenha aqui: a profundidade da solidão mede – tal qual uma sonda – a intensidade do desejo ardente do outro que não responde ao chamado. (Assoun, 1998, p. 80, tradução nossa)*

Mas onde encontrar a cena originária que dá lugar a esse anelo que se transforma em angústia? Próximo ao término da obra freudiana, principalmente em "Mal-estar na civilização" (1930/1986f) e "Inibição, sintoma e angústia" (1926/1986d), a temática do desamparo como condição fundadora do ser humano ganha força e nela a solidão adquire um novo estatuto.

Já estamos no contexto da segunda teoria da angústia em Freud, quando esta aparece como condição do recalcamento. Assim, a angústia de castração entra em cena ao lado da angústia de separação. O cenário no qual emerge a angústia se enriquece e, ao mesmo tempo, tornar-se-á muito mais complexa. Se a libido é o combustível da vida psíquica, a angústia passa a ser agora um aferidor da vida fantasmática do sujeito. Nessa obra rica e complexa como é "Inibição, sintoma e angústia", encontramos importantes elementos para aprofundar nosso estudo da solidão na concepção freudiana. Pela sua relevância, vamos acompanhar passo a passo o raciocínio de Freud.

O bebê investe intensamente, provavelmente de forma alucinada, na imagem da pessoa pela qual sente anseio. Sua dificuldade em lidar com esse estado é fruto de sua imaturidade.

> *Aqui a angústia aparece como uma reação à perda sentida do objeto e lembramo-nos de imediato do fato de que também a angústia de castração constitui o medo de sermos separados de um objeto altamente valioso, e de que a mais antiga angústia – a "angústia primeva" do nascimento – ocorre por ocasião de uma separação da mãe. (Freud, 1930/1986f, p. 130, tradução nossa)*

Perda, separação, nascimento e castração. Estamos no campo no qual o sujeito é convocado a metaforizar as ausências sob risco de, se não o conseguir, ficar eternamente aprisionado na concretude da falta. Mas para a constituição do psiquismo, assim como também para a compreensão das diferentes estruturas patológicas, não será indiferente a natureza da perda, ou o momento da separação. Isso convoca o processo de simbolização e suas modalidades, ao que farei referência posteriormente. A solidão, compreendida em relação à perda e à separação, terá sentidos e intensidades diferentes, o que implicará manejos diferentes na situação analítica.

Mas Freud vai além da perda do objeto nas diferentes modalidades que enumeramos anteriormente: busca a raiz da angústia, local no qual o infans (bebê) está descoberto, sem proteção.

> *A razão por que a criança de colo deseja perceber a presença de sua mãe é somente porque ela já sabe por experiência que esta satisfaz todas as suas necessidades sem delongas. A situação, portanto, que ela considera como um "perigo" e contra a qual deseja ser protegida é a de não satisfação, de uma crescente tensão devido à necessidade, contra a qual ela é inerme. Penso que se adotarmos esse ponto de vista todos os fatos se enquadrarão nos seus lugares. (Freud, 1930/1986f, p. 130, tradução nossa)*

Freud fala aqui da necessidade do infans, do seu desvalimento e impotência, de um perigo real, em que os estímulos se elevam a graus desagradáveis, da repetição de um estado de perigo análogo ao do nascimento.

> *Quando a criança houver descoberto pela experiência que um objeto externo perceptível pode pôr termo à situação perigosa que lembra o nascimento, o conteúdo do perigo que ela teme é deslocado da situação econômica para a condição que determinou essa situação, a saber, a perda de objeto. É a ausência da mãe que agora constitui o perigo, e logo que surge esse perigo a criança dá o sinal de ansiedade, antes que a temida situação econômica se estabeleça. Essa mudança constitui o primeiro grande passo à frente na providência adotada de autopreservação, representando ao mesmo tempo uma transição do novo aparecimento*

> *automático e involuntário da ansiedade para a reprodução intencional da ansiedade como um sinal de perigo. (Freud, 1930/1986f, p. 130, tradução nossa)*

A possibilidade de a criança demandar o objeto na sua ausência já é, como aponta Freud, fruto de um primeiro deslocamento da necessidade e do reconhecimento da existência do objeto externo capaz de satisfazer às necessidades.[1] Nesse primeiro momento, Freud não se refere à libido, mas às necessidades de sobrevivência do infans.

> *Nesses dois aspectos, como um fenômeno automático é um sinal de salvação, verifica-se que a angústia é um produto do desamparo mental da criança, o qual é um símile natural de seu desamparo biológico. A impressionante coincidência como a angústia do bebê recém-nascido e a angústia da criança de colo são condicionadas pela separação da mãe não precisa ser explicada em moldes psicológicos. Essa explicação pode ser apresentada simplesmente e suficientemente de forma biológica, porquanto, da mesma maneira que a mãe originalmente satisfez todas as necessidades do feto através do aparelho do próprio corpo dela, assim agora, após o nascimento daquele ela continua a fazê-lo, embora parcialmente por outros meios. Há muito mais continuidades entre a vida intrauterina e a primeira infância do que a impressionante censura do ato do nascimento nos teria feito acreditar. O que acontece é que a situação biológica da criança como feto é substituída para ela por uma relação de objeto psíquica com a sua mãe. (Freud, 1930/1986f, p. 131, tradução nossa)*

1 Como não ver aqui o prenúncio do que será a concepção do Holding, em Winnicott.

Freud nos faz compreender a natureza primeva da angústia, assim como a função originária do objeto.

Na sequência do texto, o pensador concede mais alcance ainda ao significado da perda do objeto:

> *O significado da perda de objeto como um determinante da angústia se estende consideravelmente além desse ponto, pois a transformação seguinte da angústia, a saber, a ansiedade de castração, que pertence à fase fálica, constitui também medo da separação e está assim ligada à mesma condição. Nesse caso, o perigo de se separar dos seus órgãos genitais. Ferenczi [1925] traçou, de maneira bem correta, penso eu, uma nítida linha de ligação entre esse medo e os medos contidos nas situações mais antigas de perigo. O alto grau de valor narcísico que o pênis possui pode valer-se do fato de que o órgão é uma garantia para seu possuidor de que este pode ficar mais uma vez unido à mãe – isto é, a um substituto dela – no ato da copulação. O ficar privado disto equivale a uma renovada separação dela, e isto por sua vez significa ficar desamparadamente exposto a uma tensão desagradável, devido à necessidade instintual, como foi o caso no nascimento. Mas a necessidade, cujo aumento se teme, é agora uma necessidade específica que pertence à libido genital, e que não é mais indeterminada, como o foi no período da infância. Pode-se acrescentar que para um homem que seja impotente (isto é, que seja inibido pela ameaça de castração) o substituto da copulação é uma fantasia de retorno ao ventre da mãe. Seguindo a linha de pensamento de Ferenczi, podemos dizer que o homem em causa, havendo tentado provocar seu retorno ao ventre da mãe, utilizando o órgão genital dele para representá-lo,*

> *está agora [em sua fantasia] substituindo repressivamente aquele órgão por toda a sua pessoa. (Freud, 1930/1986f, p.131, tradução nossa)*

Esse terceiro aspecto, ao mesmo tempo que enfatiza a dimensão da castração como outras perdas, aponta a dimensão narcísica das fantasias de retorno ao ventre materno. Assim, abre mais uma perspectiva para compreender a dimensão narcísica da solidão.

Há ainda uma outra vertente no pensamento freudiano, para a qual Assoun (1998) chama nossa atenção: "o sujeito se sente só não tanto por estar privado de um outro, mas pelo estorvo de si próprio" (p. 78, tradução nossa). Trata-se do retorno desse outro recalcado que assombra na solidão. "De onde nasce a inquietante estranheza do silêncio, da solidão, da escuridão?", pergunta Freud. É porque na solidão, algo que estava destinado a permanecer oculto irrompe na consciência. Pertencem a esse grupo as representações e fenômenos do que Freud chama de *Unheimlich*, "o estranho". Essa experiência desenvolve um sentimento terrorífico pela emergência de conteúdos reprimidos ligados aos primeiros momentos de estruturação da vida psíquica e faz parte desses conteúdos.

Ora sem pretender esgotar, pelo contrário, abrindo as portas da reflexão, vemos que solidão, perda e angústia de separação, para Freud, estendem-se por um amplo escopo desde posições narcísicas e fusionais, passando pela perda do objeto amado que pode ora redundar em uma postura melancólica, ora em uma experiência fóbica de afastamento de um encontro com o estranho que evidencia a perda irreparável. Essa leitura já dá suporte a nossa hipótese inicial que propunha a polissemia da solidão.

Melanie Klein escreve um trabalho pioneiro, hoje clássico, sobre esse tema – "Sobre o sentimento de solidão", de 1963. Nele, inicialmente, a autora discrimina o que entende por sentimento de solidão:

> *Por sentimento de solidão não estou me referindo à situação objetiva de se ver privado da companhia externa. Estou me referindo ao sentimento de solidão interior – o sentimento de estar sozinho independentemente das circunstâncias externas; de sentir-se só mesmo quando entre amigos ou recebendo amor. (Klein, 1963/1991, p. 341)*

É sobre essa segunda condição que desenvolve seu trabalho e situa esse sentimento "como ânsia onipresente por um estado interno perfeito, inafiançável" (Klein, 1963/1991, p. 341). Esse estado será analisado em função das dificuldades que o indivíduo enfrenta na elaboração e integração das ansiedades paranoides e depressivas. Nele aborda a gama de sentimentos persecutórios que, a modo de assombrações, invadem a mente face à impossibilidade de elaborar situações de separação e integração de sentimentos amorosos e destrutivos. É o conjunto da sua teoria sobre o funcionamento mental que se torna necessário convocar para compreender a gênese do sentimento de solidão. Vamos apenas sintetizar brevemente seus argumentos.

Segundo Klein, o ego existe e funciona desde o nascimento. No início ele não é coeso e é dominado por mecanismos de cisão. O perigo de ser destruído pela pulsão de morte, dirigida contra o self, psíquica. O fenômeno contribui para a cisão entre os impulsos em bons e maus. Em virtude da projeção dos impulsos sobre o objeto originário, este também é cindido em bom e mau. Assim consegue, segundo a autora, proteger boa parte do objeto e do ego da agressão, já que esta é desviada deles para o exterior. Ao mesmo tempo, se desenvolve um processo de integração, mediado pela introjeção do objeto bom, ainda que parcial, tornando-se esse núcleo em desenvolvimento.

Mesmo relativamente protegido pela cisão, o ego incipiente não estará livre da ansiedade persecutória; esta surge no início da vida como resultado de uma tensão entre as pulsões de vida e de morte.

Sempre que impulsos destrutivos emergem em relação ao objeto, a mãe e o seio são experimentados, por efeitos da projeção, como persecutórios. Assim, o bebê experimenta insegurança e desamparo. Essa insegurança de natureza paranoide é considerada, por Klein, como uma das raízes do sentimento de solidão.

Interessante notar que, ao lado dessa vivência persecutória, há uma outra de natureza muito mais confortadora, porém não menos geradora de futura angústia. Klein sustenta que a relação inicialmente satisfatória com a mãe implica um contato íntimo entre o inconsciente da mãe e o da criança. Este seria, segundo a autora, o alicerce para a vivência mais completa de ser compreendido, em um estágio ainda pré-verbal. E que, por mais satisfatórios que possam vir a ser os momentos de comunicação na vida adulta, permanecerá sempre presente "o anseio insatisfeito por uma compreensão sem palavras" (Klein, 1963/1991, p. 342), nostalgia de um vínculo arcaico e idealizado com a mãe.

Assim apresentado por Klein, ainda no contexto da posição esquizoparanoide, podemos concluir: por melhor que seja o vínculo inicial mãe-filho, o próprio conflito pulsional, gerador de ansiedade persecutória, aliado à angústia de separação no contexto de uma relação idealizada produzirão, inevitavelmente, um sentimento de solidão que perdurará pelo resto da vida. Vemos nessa postura uma reelaboração, mas uma certa coincidência com as proposições de Freud em "Inibição, sintoma e angústia" (1926/1986d). O desamparo inicial diante do nascimento, à intensidade pulsional e à incapacidade do ego em decodificar a realidade imprimem uma marca indelével na subjetividade humana.

A posição depressiva, para Melanie Klein, será, ao mesmo tempo, fonte de novas angústias que podem incrementar o sentimento de solidão e a possibilidade de sua atenuação, jamais superação. Em primeiro lugar, destaca Klein as experiências de perda e recuperação:

> *Sempre que a mãe não está presente, ela pode ser sentida pelo bebê como perdida, seja porque está danificada, seja porque se transformou num perseguidor. O sentimento de que ela está perdida é equivalente ao medo da sua morte. Devido à introdução, a morte da mãe externa significa também a morte do objeto bom interno e isso reforça o medo do bebê da sua própria morte. Essas ansiedades são intensificadas na posição depressiva,* mas o medo da morte desempenha um papel na solidão ao longo de toda a vida. *(Klein, 1963/1991, p. 345, grifo meu)*

Outro elemento que contribui para o incremento do sentimento de solidão é a dor que acompanha os processos de integração. Trata-se de fazer frente aos próprios impulsos destrutivos e às partes odiadas do self, o indivíduo teme que o objeto bom fique em perigo. Nesse contexto, aparece um sentimento de desamparo e solidão. A integração faz perder grande parte da idealização do objeto e, embora isso favoreça o contato com a realidade, representa uma quebra da onipotência infantil. Há um encanto que se perde e emergem sentimentos de solidão.

Melanie Klein reconhece, como apresentado anteriormente, a dificuldade de eliminar totalmente o sentimento de solidão. No entanto, aponta para algumas defesas que procuram mitigá-lo. O interessante é que, em decorrência dessas defesas, o sentimento de solidão deixa de ser consciente. Muitas dessas defesas podem assumir um caráter patológico quando excessivas. Alguns bebês se utilizam de uma extrema dependência em relação à mãe como defesa contra a solidão e esta necessidade permanece como um padrão para toda a vida. Outra modalidade defensiva consiste na fuga para o objeto interno, que na terna infância pôde representar uma gratificação alucinatória e contrabalançar a extrema dependência do objeto externo, mas em alguns adultos, como bem nota a autora, essa atitude leva à rejeição de qualquer companhia. Por último, a negação da solidão atrapalhará as boas relações de objeto, em contraste com uma situação na qual esta poderá ser aceita e vivenciada tornando-se estímulo para o estabelecimento de relações de objeto.

Donald Winnicott oferecerá uma nova perspectiva para o estudo da solidão. Ele constata que a literatura psicanalítica se debruçou mais sobre o medo de ficar só ou sobre o desejo de ficar só, mas não estudou a capacidade de fazê-lo. Em outras palavras, dirige seu foco para os aspectos positivos de fazê-lo. Embora Winnicott aponte a capacidade de suportar a solidão no contexto da elaboração do complexo de Édipo, vale dizer, suportar a exclusão da cena primária; também buscará nos primórdios do desenvolvimento infantil as raízes dessa capacidade. Para enunciá-la recorre ao paradoxo,[2] forma que lhe é muito cara para expressar as vicissitudes do desenvolvimento humano.

> *Embora muitos tipos de experiência levem à formação da capacidade de ficar só, há uma que é básica sem a qual a capacidade de ficar só não surge, essa experiência é a capacidade de ficar só, como lactante ou criança pequena, na presença da mãe. Assim a base da capacidade de ficar só é um paradoxo; é a capacidade de ficar só quando mais alguém está presente. (Winnicott, 1958, p. 32)*

Talvez, uma das inovações da posição de Winnicott esteja ligada à hipótese de essa capacidade se encontrar ligada ao desenvolvimento do Eu, e menos vinculada ao Id. E embora o estar só, como experiência sofisticada, possa estar além das capacidades do Eu em formação, sustenta Winnicott (1958) que "estar só na presença de alguém pode

2 Para uma análise mais completa do sentido dos paradoxos em Winnicott, veja o trabalho de Clancier, A.; Kalmanovitch, J. *Winnicott and Paradox from birth to creation.*

ocorrer num estágio bem precoce, quando a imaturidade do ego é naturalmente compensada pelo apoio do ego da mãe" (p. 34). À medida que a criança cresce, segundo Winnicott, esse Eu auxiliar da mãe passa a ser introjetado e a criança pode prescindir da presença concreta dela ou de um símbolo desta.

Winnicott analisa a expressão "eu estou só" a partir de seus componentes individuais. Para compreendê-la torna-se necessário sintetizar brevemente algumas teses de Winnicott sobre o desenvolvimento do Eu. Segundo o autor, esse desenvolvimento se realiza seguindo três tendências: integração, personalização e relação com os objetos.

"Eu" já indica crescimento emocional, o indivíduo já se estabeleceu como uma unidade. A integração é um fato. A ideia de integração é central para compreensão que Winnicott faz dos estágios iniciais do desenvolvimento do Eu.

> *A integração está intimamente ligada à função ambiental de segurança. A conquista da integração se baseia na unidade. Primeiro vem o "eu" que inclui "todo o resto não-eu". Então vem o "eu sou, eu existo, adquiro experiências, enriqueço-me e tenho uma interação projetiva e introjetiva com o não-eu, o mundo real da realidade compartilhada". Acrescenta-se a isto: "Meu existir é visto e compreendido por alguém"; e ainda mais: "É-me devolvida (como a imagem refletida num espelho) a evidência de que necessito, de ter sido percebido como existente. (Winnicott, 1958, p. 60)*

É importante destacar que o estado inicial, segundo Winnicott, é de uma não integração, diferente de um estado de desintegração. O primeiro corresponde ao poder relaxar enquanto a mãe se encarrega da função de sustentação e terá relação com a capacidade de usufruir do estar só. Já a desintegração é uma defesa frente às falhas ambientais para dar conta de angústias inomináveis do bebê.

A segunda tendência no desenvolvimento do Eu, a personalização, expressa a integração corpo-mente e se encontra na esteira do que Freud já apontava – que o Eu é, acima de tudo, um Eu corporal. O avanço da ideia de Winnicott reside em conceber que a unidade psicossomática é uma conquista e que ela pode se ver prejudicada nos primeiros momentos do desenvolvimento infantil.

A terceira área, desenvolvimento da relação com objetos, estará vinculada ao fenômeno da ilusão e ao espaço transacional. Os fenômenos que operam nessa área, os primeiros contatos entre o bebê e o seio, são o cenário do estabelecimento das primeiras relações de objeto.

> *O padrão é o seguinte: o bebê desenvolve a expectativa vaga que se origina em uma necessidade não formulada. A mãe, se adaptando, apresenta um objeto ou uma manipulação que satisfaz as necessidades do bebê, de modo que o bebê começa a necessitar do que a mãe apresenta. Desse modo, o bebê começa a se sentir confiante em se sentir capaz de criar objetos e criar o mundo real. A mãe proporciona ao bebê um breve período em que a onipotência é um fato da experiência. (Winnicott, 1958, p. 60)*

A visão do autor ancora-se na ideia de que, embora os movimentos pulsionais existam desde o início, eles ganham sentido no contexto da emergência do Eu.

> *Acredito que seja geralmente aceito que o impulso do Id só é significativo se contido na vivência do eu. O impulso do Id ou perturba um eu fraco ou então fortifica um eu forte. Pode-se dizer que a relação com o Id fortifica o eu quando ocorre em um contexto de relação com o eu. (Winnicott, 1958, p. 35)*

Para o autor, a capacidade de estar só é, então, a resultante de um longo processo que vai da dependência total do objeto materno até a conquista da autonomia em relação ao objeto. No qual ambos, parceiros da relação, terão importância na criação dessa possibilidade ou no seu fracasso e na emergência de algumas patologias da solidão, como tendências esquizoides ou mecanismos de extrema dependência e adições. Veremos posteriormente a conexão de suas ideias com as de Fairbairn.

Chaim Katz, psicanalista que entre nós dedica um trabalho à solidão, *O coração distante, um ensaio sobre a solidão positiva* (Katz, 1996), realiza uma análise crítica da cultura que encarcera a solidão nas grades da negatividade, procurando resgatar o que chama "solidão positiva" como espaço de emergência da singularidade em uma cultura dominada pelos meios de comunicação de massa. É quando resgata as contribuições de Winnicott.

A psicanalista francesa Françoise Dolto, em *Solidão* (1995/1998), focaliza a solidão desde a perspectiva da simbolização. Em uma formulação voltada para a questão da separação afirma: "A simbolização da ausência é o que nos permite suportar a angústia de solidão" (Dolto, 1995/1998, p. 440). Nessa fala, que tem uma ampla ressonância clínica, encontramos um entrecruzamento das nossas indagações sobre essa temática.

Uma das formas canônicas de definir a simbolização é fazê-lo pela capacidade de representar o objeto na sua ausência, do qual o clássico exemplo "*fort-da*" apontado por Freud dá testemunho. A ausência passa a ser compreendida como situação paradigmática diante da emergência do símbolo. A turbulência emocional experimentada ganha condições de ser absorvida e suportada a partir do domínio simbólico da excitação. Vemos aqui uma aproximação com a tese de Cassirer, quando afirma que é da natureza do símbolo efetuar a mediação necessária diante da dimensão avassaladora da experiência.

Ora, retornando à questão da solidão e sua polissemia, podemos formular a seguinte hipótese: vimos que a capacidade de se tolerar a angústia da separação está diretamente ligada à capacidade de simbolizar ausência. Entretanto, essa simbolização não obedece a uma modalidade única, dada a multiplicidade das formas e dos objetos e o grau de desenvolvimento do Eu, como apontei anteriormente e como aponta a semiótica contemporânea. Dadas as diferentes perspectivas de focar a solidão, apontadas pelas teorias psicanalíticas, enriquece-se nossa compreensão se focalizamos também o vértice das diferentes modalidades de ser na solidão, em função da natureza do processo de simbolização. Em outras palavras, à medida que certos signos estão distantes do símbolo propriamente dito, seu potencial metafórico é pobre e guarda maior correspondência com o objeto primitivo.

Dolto dá-nos um exemplo dessa abordagem quando diz que:

> *Se o lactante é capaz de encontrar o prazer faríngeo de vocalizar com a mãe, que continua presente, ele adquire a linguagem, substituição simbólica; mas a solidão dolorosa, somada ao desmame, pode fazê-lo encontrar um sucedâneo para a percepção bucal do corpo-a-corpo perdido, que lhe permita imaginar-se ao peito, e mobiliar sua solidão com uma presença ilusória. (Dolto, 1995/1998, p. 56)*

A autora aponta o campo no qual se estabelece uma bifurcação subjetiva: um, as portas podem abrir-se para a simbolização, para a metaforizarão da separação ou dois, na tentativa de buscar objetos que possam obturar uma falta, o sujeito pode ficar preso a eles. Assim sintetiza Dolto em um elegante parágrafo:

> *Estas são as duas vias de substituição: uma simbólica, passa por mediações oriundas do corpo, por suas*

> *percepções sutis associadas e, por um circuito longo, abre as vias de comunicação a distância com o primeiro objeto cujo corpo-a-corpo acabou, o que satisfaz, enriquecendo o indivíduo solitário, mas, além disso, com os outros desse outro e, de próximo em próximo com todos os seres humanos; a outra, fetichista, sustentada pelo imaginário do passado, fecha as vias de comunicação para o desejo, que se satisfaz por um circuito curto, em que uma parte distai do corpo (o polegar sugado, por exemplo) ou um objeto parcial sempre semelhante, como a chupeta, obtura o lugar do desejo, que não desperta para mediações diferenciadas. (Dolto, 1995/1998, p. 57)*

A proposta de Dolto parece semelhante às propostas de Winnicott, de que em determinados contextos o bebê pode evoluir para uma solidão enriquecida e enriquecedora, povoada de intercâmbios simbólicos com os próximos. Dolto faz referência aqui à importância, muitas vezes negligenciada, das pulsões passivas, tão importantes na adolescência.

A proximidade com a simbolização propriamente dita permite uma expansão na capacidade metafórica. Em contrapartida, as dificuldades no processo de simbolização implicam uma concretude da linguagem, como foi teorizado por Hanna Segal, por meio da noção de "equação simbólica" (Segal, 1990).

Isso nos permite compreender modalidades de lidar com a solidão. Permite não a tomar como categoria única e universal. Haveria uma modulação e uma particularidade, cujas especificidades e compreensões podem ser muito úteis ao analista. Isso é o que pretendo estudar nos "circuitos da solidão".

Circuitos da solidão

A partir das teorias psicanalíticas apresentadas e da perspectiva histórica discutida no capítulo precedente, podemos concluir que a solidão tem como pano de fundo as relações entre o Eu e o objeto. Constitui-se tanto como estado quanto como sentimento, em um campo no qual o outro será crucial para sua compreensão. Território no qual se assenta já um dos principais paradoxos da solidão, como o faz notar Rosalato (1974):

> *sem o outro, ou por qualquer procedimento através do qual possa fazê-lo desaparecer, ainda que numa ilusão, estou só; com o outro, eu me diferencio, graças a um sinal de comparação, a tal ponto que querendo me ver assim, transformo-me em único através do outro. Por duas vias, aparentemente distintas se assenta a solidão. (p. 282)*

Logo, não há solidão sem uma referência ao outro. Referência que pode adquirir múltiplos sentidos, conforme o grau de desenvolvimento da estrutura do Eu e a posição que o outro ocupa no balanço narcisista das relações de objeto.

As teorias psicanalíticas apresentadas no item anterior direcionam nossa atenção para procurar compreender o modo que se estabelece a relação Eu-outro. Isso implica o tema da constituição do Eu, sua emergência e discriminação do outro materno, os processos de identificação e o balanço narcísico estabelecido a partir da elaboração do complexo de Édipo. Não pretendo, no escopo deste livro, revisar o conjunto da teoria psicanalítica. Embora, quando expomos brevemente as visões de Freud, Klein, Winnicott e Dolto, vemos o modo como os diferentes autores se veem requisitados a mobilizar um repertório significativo de seus sistemas conceituais para pensar a solidão. Não podemos aqui desenvolver a complexa teoria do objeto em psicanálise, mas algumas colocações de Green podem ser uma referência norteadora. Dando continuidade a uma citação de Freud em "De guerra e morte" (Freud, 1915/1986c), na qual afirma que os seres queridos, ao mesmo tempo que formam nosso patrimônio íntimo e são uma parte de nosso Eu, são também para nós estranhos e inimigos, Green (1988b) propõe a noção de objeto-trauma. Essa noção é focada por Green não a partir do contexto da ambivalência, mas em função das relações entre narcisismo e objeto. Esse vértice me parece particularmente interessante para situar o estudo da solidão, pois destaca, como vimos insistindo, o aspecto paradoxal do psiquismo em geral e da solidão em particular.

> *Nesta ótica, o objeto que, no entanto, é originalmente meta das satisfações do Id, é de fato para o Eu, de certa forma, sempre uma causa de desequilíbrio – em poucas palavras, um trauma. Se é verdade que o Eu aspira a uma unificação e que esta unificação interna estende-se para uma unificação com o objeto, a reunião total com o objeto obriga o Eu a perder sua organização. Além disto, na medida em que esta reunificação é impossível, ela também desorganiza o Eu, na medida em que este não tolera esta separação. (Green, 1988b, p. 157)*

Assim, Green destaca que esse objeto-trauma representa uma ameaça para o Eu e o conduz a modificar seu regime de funcionamento.

> *Pois, de um lado, sendo objeto interno à montagem pulsional, está carregado de toda a energética e de toda a fantasmática pulsionais; procura, portanto, penetrar o Eu desde o interior. Por outro lado, na medida que é externo à montagem pulsional, o objeto não está à disposição do Eu e este deve – ao mesmo tempo que ordena outras*

> *instâncias (o Id, O Supereu e a realidade) – violentar-se para sair de sua quietude ir ao objeto, como se diz, ir ao trabalho. (Green, 1988b, p. 160)*

A novela de Kafka (1923/1999), *A construção*, metaforiza de modo exemplar as angústias e tensões do Eu no embate com o objeto, a "quietude" é permanentemente perturbada pela ameaça, seja interna, seja externa. O Eu busca se instalar confortavelmente, propiciar a si mesmo as provisões necessárias para sua sobrevivência, mas o objeto ronda na realidade e na fantasia, é impossível se abstrair dele a não ser que a ruptura psicótica sobrevenha. A solidão do narcisismo é perturbada, por isso o objeto se torna desejado e indesejado, amado e odiado. Irrompe na minha memória uma frase do Gênesis. Assim diz Deus quando cria a mulher para mitigar a solidão de Adão ("*ezer kenegdo*") "uma ajuda contra ele"...

Sem querer introduzir uma metapsicologia geral, mas na tentativa de propor um caminho que nos permita enxergar questões fundamentais da solidão desde uma perspectiva psicanalítica, ordenarei a discussão em torno de alguns eixos temáticos a que chamarei "circuitos da solidão". Circuitos que não são independentes, mas que podem ser focados singularmente sabendo que eles fazem parte de um todo altamente articulado.

Solidão e separação

Inicio por este primeiro circuito, pois, como veremos, questões cruciais da subjetividade entram em jogo por meio dele. O trabalho de Jean-Michel Quinodoz, *A solidão domesticada* (1993), apesar de não abranger a polissemia da solidão, sugere com pertinência a importância da angústia de separação como porta de entrada para compreender a solidão e suas manifestações afetivas. O autor se propõe a elucidar a transformação de uma solidão, experimentada a princípio como um sentimento hostil e desesperador, em sentimento de *portance*, como denomina, base de comunicação consigo mesmo e com o outro. Para isso, ilustra suas hipóteses com material clínico e realiza uma extensa pesquisa bibliográfica sobre algumas das principais teorias psicanalíticas sobre a angústia de separação.

Esse autor sugere como ponto de partida uma distinção entre separação e diferenciação (Quinodoz, 1993, pp. 43-47). Essa distinção esclarece o grau de independência do Eu em relação ao objeto.

Vejamos as definições presentes no *Novo Aurélio, século XXI*: "Separação: [Do lat. *separatione*] 1. Ato ou efeito de separar (-se). 2. Afastamento, apartamento, distância. 3. Rompimento da união matrimonial. Diferenciar: [De diferença + –ar.]".

1. Estabelecer diferença ou distinção entre; tornar diverso; diversificar, distinguir.
2. Conhecer distintamente; discriminar, distinguir.
3. Anál. Mat. Calcular as diferenças finitas de (uma função ou sequência).
4. Distinguir-se por alguma diferença.

Ou seja, a distinção entre os dois processos: o primeiro se dá quando se separaram duas pessoas que se reconhecem como diferentes e discriminadas, com as concomitantes reações afetivas; e, o segundo, quando se estabelece uma primeira discriminação em um campo que anteriormente era unificado e indiferenciado.

Ao pensar psicanaliticamente a questão, a diferença é marcante e significativa. Se pensamos em um casal que se separa quando cada um se reconhece como uma entidade individual discriminada do outro, uma série de sentimentos podem emergir: angústia, tristeza, alívio, raiva, mas, acima de tudo, é preservada a integridade de cada um. Quando não há uma nítida discriminação entre o Eu e o objeto, seja em um bebê pequeno afastado precocemente de sua mãe, seja um casal em uma relação adulta com características de fusão e indiscriminação, a vivência de separação, se é que podemos chamá-la desse modo, significa uma real ameaça para integridade do Eu precariamente constituído. Essa ameaça desenvolve, então, angústias de aniquilamento, despersonalização, ameaças ao Eu de natureza psicótica.

Nossa experiência clínica mostra-nos, assim como a literatura psicanalítica, que o estabelecimento de uma distinção radical entre essas duas modalidades não é viável, na medida em que revelam a própria tensão entre escolha de objeto narcisista e escolha de objeto anaclítica, como já apontara Freud em "Introdução ao narcisismo" (1914/1986e). Ora, se a questão do Eu e o Outro nos coloca no registro das identificações, o alargamento do campo para o narcisismo e a relação de objeto introduz a dimensão pulsional ao lado dos registros identificatórios. Assim, o circuito da solidão envolve estratégias nas quais os destinos pulsionais estarão em jogo e ganharão importância e valência conforme a estrutura psíquica.

Fairbairn (1941/1980), um psicanalista com ideias originais e importantes contribuições para compreender os estados esquizoides, dirigiu sua atenção para os períodos de extrema dependência do infans e as condições de passagem para maior independência. Há uma coincidência com muitas das ideias de Winnicott sobre a dependência total apontadas anteriormente.

> *Uma das principais conclusões a que cheguei por meio dos casos esquizoides é que o desenvolvimento das relações de objeto é essencialmente um processo pelo qual a dependência infantil em relação ao objeto dá lugar, de forma gradual, a uma dependência madura em relação ao mesmo. Esse processo de desenvolvimento se caracteriza por:*

> *a) pelo abandono de uma relação de objeto original baseada na identificação primária e b) pela adoção gradual de uma relação de objeto, baseada na diferenciação do último. (Fairbairn, 1941/1980, p. 28)*

Chamamos a atenção para o uso da expressão identificação[3] primária que o autor faz. Trata-se do investimento de um objeto que ainda não foi diferenciado do sujeito que faz o investimento. O autor apontou a enorme dificuldade de seus analisandos na fase de transição de um modelo para o outro: "um conflito entre a necessidade de abandonar a atitude de dependência infantil para com o objeto e a urgência regressiva em manter essa atitude" (Fairbairn, 1941/1980, p. 34). A angústia que o autor aponta, e que reconhecemos nitidamente em nossa clínica, é de abandono, de solidão. Quando essa angústia se apresenta, esboçam-se duas técnicas defensivas para geri-la: uma fóbica, que seria o conflito entre abandono e volta para o objeto; e outra obsessiva, conflito entre retenção e expulsão do objeto.

Freud, em "Inibição, sintoma e angústia" (1926/1986d), faz uma distinção entre angústia de castração e angústia de separação, distinção já assinalada no item anterior. Considero que essa discriminação, assim como a distinção que apontamos entre separação e diferenciação, permite-nos identificar se estamos lidando com processos de natureza psicótica ou neurótica e, no que diz mais especificamente à solidão, ampliar a compreensão de uma fenomenologia do sentimento para uma compreensão do lugar estrutural que ela ocupa na particularidade de certos quadros clínicos, assim como na singularidade de cada análise.

3 Identificações primárias ocorrem por um modelo de incorporação do objeto.

A dialética entre narcisismo e relação de objeto, como vemos, constitui um eixo indispensável para situar metapsicologicamente as questões da angústia de separação, angústia de castração e da solidão.

Identificamos, com bastante nitidez, a angústia que os analisandos experimentam nos momentos descritos por Fairbairn como de transição entre dependência total e autonomia, ou, no vocabulário de Winnicott, dependência total e relativa. São momentos nos quais o sentimento de solidão se incrementa, podemos até mesmo metaforizá-los como "o salto no abismo", no qual certas condições estão dadas, mas é o analisando e só ele quem pode realizar este salto. É um momento em que o analisando está só, se entendemos este estar só no contexto da paradoxal presença que o analista representa.

Para Bégoin (1984), analista francês contemporâneo, a excessiva angústia de separação constitui um dos obstáculos à renúncia da identificação narcísica, em favor da identificação introjetiva, passagem por ele considerada como o principal problema econômico da análise.

O que precisamos compreender é que o analisando enxerga a perda a partir da perspectiva de quem vivia a ilusão do controle onipotente do objeto, da fantasia do objeto ser de sua posse e, acima de tudo, de que a sua perda representa um dano irreparável. Os momentos de confusão muitas vezes se agudizam na análise e observamos em alguns analisandos uma desorganização egoica. Dominados pela vivência da perda, a outra margem do rio é vista como estéril, árida, um deserto afetivo, no máximo, um mundo de objetos robotizados, racionalmente comportados.

Quinodoz aponta a necessidade de fundir-se com o objeto e a angústia de separar-se dele, dificultando assim o trabalho de luto,[4] em outras patologias como perversão, estados psicóticos e autismo.

4 No próximo item teremos oportunidade de olhar para essas dificuldades em um caso clínico.

Durante anos trabalhei com uma criança autista, mergulhada em um mundo de compulsões autoeróticas. Essas manifestações, progressivamente, foram se transformando em apreensões sensoriais de si mesmo e do contato com o mundo, o que lentamente a levou às primeiras discriminações Eu-outro, rompendo a barreira de um solipsismo que a mantinha encapsulado.

Testemunho a emergência da simbolização quando, inicia e continua durante meses a desenhar grades infinitas, uma barreira que a isolava e protegia de um mundo que, imagino eu, fosse terrivelmente ameaçador e persecutório. Gibeault (1993) refere-se a esse momento como aquele em que "a criança autista faz a experiência de separação entre si mesmo e o outro, e que a experiência traumática da separação corporal se configura diferentes metáforas de perda de si mesmo, do buraco negro da queda sem fim" (p. 94).

Nunca tinha me sentido tão só na presença de alguém como em certos momentos com essa criança, mas nunca me senti tão próximo como quando esse muro abriu suas portas.

Paradoxo da solidão. Como diz Didier Anzieu (1987), para ser compreendida a solidão deve ser compartilhada, deixando então de ser solidão (p. 123).

Dentro de uma tradição kleiniana, os trabalhos de Herbert Rosenfeld (1971/1989) sobre narcisismo e Hanna Segal (1954/1990) sobre formação de símbolos foram pioneiros na tentativa de alargar o campo Eu-objeto, como havia sido formulado por Klein. E principalmente ofereceram subsídios para compreender os mecanismos que perpetuam as identificações narcísicas e o papel crucial da simbolização no estabelecimento de um grau maior de diferenciação entre o Eu e o objeto. No próximo item, aprofundarei, então, a dimensão narcísica da solidão.

Solidão e manifestações do narcisismo

O conto de Maupassant fascinou os psicanalistas da primeira geração, principalmente Rank (1914), que dedicou um trabalho pioneiro ao tema do duplo, no qual inscreve *O Horla* como um dos seus representantes paradigmáticos. Cita-o ao lado da novela de Dostoievski, *O duplo*, e de outros mestres do conto fantástico como Edgar Allan Poe, E. T. A. Hoffmann, Oscar Wilde e outros.

A inquietante interrogação sobre os mistérios que afetam a alma humana domina a personagem do conto. A ideia de existir um outro de si mesmo plasma-se no conto em diferentes imagens – a consciência reflexiva, assim como a ideia de um Eu identitário entram em crise no conto. É na solidão que a crise irrompe, alucinatoriamente, como intensa vivência de ameaça à integridade de si mesmo.

Rank aponta, como tese principal, a estreita vinculação do tema do duplo com o narcisismo. Podemos vê-lo hoje, à luz dos posteriores trabalhos de Freud, vinculado aos processos constitutivos do Eu, assim como aos processos de integração e de cisão e fragmentação do Eu. Ou seja, não estamos no território do amor de si mesmo, do narcisismo secundário para o qual a solidão poderia ser um cenário.

No entanto, não se trata de uma alma gêmea, fenômeno que pode ser associado ao duplo, mas de desdobramentos do Eu que podem ser comparados às instâncias ideais, que observam e avaliam o Eu. Se enriquecemos a perspectiva freudiana apresentada no texto sobre "O estranho" com as teorias sobre a integração do Eu de Winnicott, que apresentamos anteriormente, e os aspectos persecutórios do primórdio do desenvolvimento como apresentados por Klein (1963/1991), podemos conjeturar que o fenômeno do duplo se associa a processos psicóticos, sejam eles de não integração, ou de fragmentação do Eu. Daí o sentimento de estranhamento e persecutoriedade em relação ao duplo.

Assim:

> *O duplo surge na solidão, como ilusão ou alucinação de uma presença que não é esperada, nem desejada, que subtrai ao sujeito sua identidade e seu sentimento de ser um, tornando-o repentinamente estranho à sua própria solidão e exagerando seu sofrimento de estar só. (Arfouilloux, 1987, p. 151)*

A tênue membrana do Eu, que lhe dá coesão representacional, parece ser insuficiente para evitar que em certos casos ocorra um transbordamento de elementos pulsionais não metabolizados (Laplanche, 1974). Elementos evacuados, expelidos para o exterior, que retornam na forma do duplo. Parece que uma vez quebrada, ou melhor, perfurada essa barreira, não haveria caminho de volta a não ser a destruição do duplo, que acaba se traduzindo na própria morte. A ideia da morte como último recurso evidencia o aspecto paranoide do fenômeno.

> *O desejo em ação na alucinação do duplo seria o desejo de aniquilamento proje-tado para o exterior... É um paradoxo que este desejo de morte se satisfaça na reprodução de si mesmo, passando pelo reencontro ou pela invenção de uma imagem especular perdida. (Arfouilloux, 1987, p. 151)*

Talvez o fenômeno da imortalidade do duplo se relacione, como faz notar Green (1988b), com o narcisismo primário, "aspiração a uma totalidade autossuficiente e imortal na qual o auto engendramento é condição, morte e negação da morte ao mesmo tempo" (p. 147).

Não surpreende que, nesse contexto, a solidão manifeste um dos seus aspectos mais paradoxais: não se procura o outro para aplacar a angústia diante de ausência ou perda, mas para fugir do perigo inerente à sedução da própria onipotência, que, em última análise, levaria à morte. Eis talvez aqui uma das maiores resistências à análise.

A solidão revela aqui uma de suas faces, a estreita vinculação com a vertente onipotente e pulsional do narcisismo originário.

Os comentários de Freud, em relação ao duplo vão nessa direção, vinculam-se às primeiras fases de desenvolvimento do Eu: "se trata de um – retorno a fases singulares da história do desenvolvimento do eu, nas quais o *eu não tinha ainda se desvinculado de modo mais categórico do mundo exterior ou do outro*" (Freud, 1919/1986i, p. 236, grifo meu).

Há uma indiscriminação, ou melhor, uma discriminação que ainda não se instalou entre o ser e o ter, como aponta Freud (como citado em Gibeault, 1993), em uma nota de 1938. Nesse momento,

> *se institui a problemática da identificação no sentido de uma identidade que anula as diferenças com o objeto ou de uma similitude que as respeita . . . O símbolo perde sua função de mediação quando se trata de abolir, de trazer para um mesmo tempo o tempo do ser e o tempo do ter. (p. 95)*

Se retomamos o conto de Maupassant, há um momento verdadeiramente aterrador dominado por uma alucinação negativa. A personagem se busca no espelho:

> *Via-se como em pleno dia, e eu não me vi no espelho!... Ele estava vazio, claro profundo, pleno de luz!... E eu olhei isso com olhos enlouquecidos; e não ousava mais avançar não ousava fazer mais nenhum movimento, embora sentindo que ele estava ali, mas que ele me escapava ainda, ele cujo corpo imperceptível tinha devorado meu reflexo. (Maupassant, 1986)*

Segundo análise de Gibeault, esse momento de alucinação negativa designa a perda da capacidade de construir uma satisfação alucinatória do desejo e faz coincidir perda do objeto com perda do sujeito.

A solidão na psicose, diferentemente da neurose, impõe-se como estado identificatório, mais do que como sentimento. Se na neurose alude-se a uma certa consciência que se enuncia como sentimento e que produzia uma demanda endereçada a um outro; na psicose, a indiscriminação originária, a falha estruturante, se atualiza por meio da solidão que se constitui na identificação narcisista da melancolia, na fragmentação da esquizofrenia, no par perseguidor perseguido da paranoia.

Não poderíamos deixar o tema do duplo sem fazer pelo menos alguma referência a duas formas, por vezes menos aterradoras, no entanto frequentes, que povoam a solidão: trata-se da alma gêmea – seja como fantasia ou real, e o tema dos amigos imaginários que povoam a infância.

Sobre o gêmeo imaginário ou real podemos dizer que sua função é quase uma antítese do duplo. Se essa última ameaça, persegue, busca substituir o sujeito pelo seu aniquilamento, a alma gêmea é uma espécie de anjo da guarda protetor. Trata-se de encontrar no mundo um outro de si que possa lhe compreender em um mundo sem palavras, uma espécie de segunda placenta. Em alguns analisandos tomados por intensa angústia de abandono, a perda dessa fantasia, que evoca o amor romântico, o desejo de fusão domina a vida psíquica. Seja em fantasia, seja na realidade, a análise desse estado oferece enorme resistência pela intensa angústia que mobiliza.

O tema dos amigos imaginários é muito conhecido pelos analistas de crianças. Essas personagens não se constituem como alucinações que a criança vê fora de si, embora possa acontecer em alguns casos. Mas elas acreditam na sua existência real, conversam com elas, demandam sua companhia. Esses amigos imaginários auxiliam a criança na elaboração do narcisismo e das separações, podemos considerar essa função como momento de transição na constituição do Eu.

Surgem muitas vezes frente a situações em que a criança experimenta uma perda real ou fantasiada. O amigo imaginário pode se desdobrar em múltiplas personagens, ganhando nomes e desenvolvendo um verdadeiro teatro interior. Podem representar o Eu ideal ou aspectos não integrados do Eu. À medida que o Eu da criança se torna mais estruturado é capaz de fazer frente a aspectos contraditórios e conflitivos e, quando sua sexualidade pode ser mais integrada, eles passam a desaparecer. Em outros casos, eles permanecem à medida que as condições para seu desaparecimento não se deram, tornando-se aspectos cindidos da personalidade.

Assim, esse fenômeno pode persistir para além da infância, comportando uma dimensão de transgressão simbólica,

> *que representa um desejo de auto engendramento e de autonomização, visando apropriar-se do poder de procriar que é dos pais, e o poder de dar um nome à sua descendência que é prerrogativa do pai. O desdobramento narcísico que cria o duplo, o gêmeo e o amigo imaginário resulta da fantasia megalomaníaca, de uma inflação desesperada do Eu, tentando negar a sexualidade dos pais e o papel do pai. (Arfouilloux, 1987, p. 158)*

Com essa proposição, o autor aponta outra perspectiva para a problemática das diferentes formas que o duplo assume, para além do narcisismo originário e da fusão com o objeto materno. Trata-se de sua relação com o que Freud chamara de identificação primária, daquele que não cessa de me acompanhar, imagem do pai morto, pai da horda, expressão de nostalgia e terror. Isso nos permite a passagem para o próximo circuito – o das relações entre solidão e identificação.

Solidão e identificação

> *A identificação é a forma mais originária de ligação afetiva com um objeto; em segundo lugar substitui um vínculo libidinal de objeto por via regressiva, através da introjeção do objeto no eu e, em terceiro lugar, pode nascer devido à comunhão que se percebe com uma pessoa que não é objeto das pulsões sexuais. Quanto mais significativa seja esta comunidade, mais êxito poderá ser a identificação parcial e assim corresponder ao início de um novo vínculo (Freud, 1921/1986j, p. 101).*

O conto de Machado de Assis, relatado no Capítulo 2, põe em evidência, com maestria, a intensa relação entre aspectos narcísicos da personalidade e o lugar necessário do outro para sustentar esta imagem idealizada de si. A ausência desse outro cria um vazio que leva a uma desorganização dessa precária estruturação do Eu. Face a esse desmantelamento das representações do Eu, desencadeadas por uma certa solidão, surgem alterações dos estados de consciência, desorganização espaço-temporal, vivências alucinatórias.

Essa temática de fundamental relevância para a psicanálise, trabalhada por Lacan, em 1949, e por Winnicott, em 1971, em artigos clássicos, é formulada pelo autor do conto em um contexto social de grandes transformações na sociedade brasileira. O conto levanta a questão dos lugares sociais e sua relativa importância, o desmoronamento de uma ordem. Crises de valores que afetam o Eu.

A partir disso, vemos como a esfera do Eu e das identificações se articulam com questões que dizem respeito a determinado momento histórico-cultural.

Segundo Lacan (1949/1971): "É suficiente compreender o estádio do espelho como uma identificação, no sentido pleno que a análise dá a este termo: a saber, a transformação produzida no sujeito quando ele assume uma imagem" (p. 87). Assim, para Lacan, o Eu fica definitivamente constituído na linha de uma ficção, dada a função antecipatória da imagem em relação ao real. Ainda mais, "ela constitui uma armadura enfim assumida de uma identidade alienante, que vai marcar com a sua estrutura rígida todo seu desenvolvimento mental" (Lacan, 1949/1971, p. 88). Se retornarmos à Jacobina, personagem do conto, notamos como ele mesmo se define alienado na imagem do alferes. Nesse sentido, a versão de Lacan da alma humana e a machadiana coincidem.

A ausência do outro provoca um desequilíbrio, Machado de Assis nos mostra, o que indica, assim, a dependência que se instaura na sustentação dessa imagem. Lugar para uma certa diferença em relação à posição de Lacan. Mas qual será a natureza dessa dependência? Nesse sentido, Winnicott é um autor que fez importantes contribuições. No artigo anteriormente mencionado, ele se refere à teorização de Lacan, mas enfatizará a relevância do rosto da mãe e suas possibilidades de reflexão especular patológicas ou não. O foco reside no cuidado materno e nas possibilidades de integração do Eu. A experiência entre a mãe e o bebê pode ser modulada de forma que uma capacidade criativa não estereotipada possa surgir, permitindo a criação de um objeto subjetivo no lugar de uma imagem petrificada de si, embora esta também exista como possibilidade defensiva diante de um objeto. Assim, a resultante não será um espelho a ser investigado, mas um espelho a ser olhado para nele confirmar sua existência.

Essa modalidade de estruturação do Eu leva a um particular tipo de escolha objetal, na qual não se efetiva uma separação Eu-mundo. Pelo contrário, o Eu está na permanente dependência de ver seu lugar garantido e confirmado pelo semelhante. É a solidão daqueles que ainda não nasceram.

Farei referência ao analisando Sérgio, apenas para localizar alguns dos elementos envolvidos na problemática da solidão vinculada aos diferentes aspectos dos processos identificatório e de luto. Chamavam-me muito a atenção as enormes dificuldades que ele enfrentava na elaboração do luto pela perda de familiares próximos e as recriminações narcísicas e superegoicas com as quais se via envolvido. Eram também notórios os recursos defensivos que esvaziavam sua personalidade e a tornavam adicta a rituais maníacos ou a um mundo de objetos sem vida, mas que aparentemente lhe restituíam um status (restituição narcísica) perdido, protegendo-a de angústias inomináveis.

As relações entre luto e narcisismo foram inicialmente apontadas por Freud em "Luto e melancolia" (1917/1986b). Freud destaca, entre outras observações, as diferentes modalidades de experienciar as perdas conforme a estrutura psíquica do indivíduo.

> *O melancólico mostra ainda algo que falta no luto: um extraordinário rebaixamento no seu sentimento egoico (lchgefühl), um enorme empobrecimento do Eu. No luto o mundo tornou-se pobre e vazio; na melancolia, isto ocorre ao Eu. (Freud, 1917/1986b, p. 243)*

Essas observações de Freud foram ponto de partida para um rico desenvolvimento do estudo dos processos depressivos e das organizações narcísicas e borderline realizados por toda a psicanálise pós-freudiana.

Há um luto não elaborado que se anuncia, uma dor insuportável com a qual entrar em contato melancoliza, mata. O ser humano pode não ser forte o suficiente para suportar as perdas. Sérgio tem de ser forte, muito mais do que seus progenitores, mas para isso deve pagar um preço, anestesiar a dor, os sentimentos. Há um imperativo: não amarás! Embora seja o que mais desejes, pois amor causa dor e conduz à morte.

Assim como em uma abertura de xadrez, Sérgio expõe sua estratégia de enfrentar a dor e o desejo. O analista é convocado a fazer seu movimento, não se trata de um oponente, mas de um parceiro, não podemos desmascarar seu jogo defensivo, formulado para dar conta de angústias insuportáveis. É preciso respeitá-lo. Assinalar que topamos a partida, sem arrogância, mas também sem ingenuidade, pois o paradoxo já se instalou na própria situação transferencial. Se se vincula, teme perder. Então, sua proposta é de uma análise sem dor nem tesão. Anestesiada. Ele idealiza um analista hermeneuta, um profissional sim, mas não de carne e osso, de outro modo seria muito perigoso.

O analista se experimenta sensibilizado, atingido pelo desamparo e solidão e pode, só então, dar sentido para si mesmo da vivência emocional impossível de ser simbolizada por Sérgio. O terror pelos mortos sem sepultura que assombram sua existência, cena dantesca que o impede de conciliar o sono. Seu universo mental parece organizado em torno de núcleos que não mantêm comunicação entre si, emergem como ilhas rodeadas por águas que escondem seus pontos de contato.

Sérgio parece viver preso, refém dessas teorias que visam criar uma representação de si. Elas possuem um caráter delirante, não somente pela rigidez e conteúdo, mas também pela função psíquica que são chamadas a desempenhar. Os fatos por ela relatados, as experiências de vida, suas visões de mundo encontram-se subordinados, imantados por um núcleo narcísico e moral que organiza a realidade e atribui valores. Para compensar sua baixa autoestima busca permanentemente se destacar e ainda assim não se trata de alguém arrogante. Pelo contrário, sente que deve fingir essa arrogância para ser aceito, o que o deixa extenuado e com um sentimento de extrema solidão, pois não consegue compartilhar com ninguém sua estratégia na busca do sucesso.

A identidade não é assunto preferido de analistas. Pelo contrário, carrega consigo a marca da ipseidade, do estático, da máscara, do semblante da consciência. Nunca nos banhamos no mesmo rio, diz a filosofia que se sustenta no fluir do tempo, do ser. Aponta, assim, para o movimento das águas, mas também à mutante natureza do banhista. O que dizer então da identidade, se ainda levamos em consideração o descentramento constitutivo do sujeito, tal como anunciado pela descoberta freudiana do inconsciente? Ainda mais, no pensamento contemporâneo, prevalecem as reflexões desconstrutivas de Foucault, Deleuze e outros. Seja na subjetividade individual, seja no campo da cultura, somos movidos por forças que estão para além da nossa consciência identitária.

Que tipo de ilusão entranha o verbo ser? Verbo que, aliás, em algumas línguas, como o hebraico, não admite conjugação no presente. Do nome, passando pelo sobrenome, do RG ao CPF, da sexualidade à nacionalidade, do bairro ao time de futebol, da tribo urbana à praia, do boteco, do restaurante, do livro, da música, do cabeleireiro, do carro, do analista, do filho, da mãe... de santo, do traço... identitário. No espaço público ou no privado, mesmo na intimidade de nossos devaneios, demandamos, e somos demandados, no campo da identidade. Identidade que não é outra senão a da representação que o Eu, se faz de si mesmo. Tênue membrana, produto de uma história identificatória, edípica e singular – como o faz notar Freud (1923/1986n) em "O ego e o id" – sempre em busca de recursos para se assegurar frente às demandas, muitas vezes desestabilizadoras, das investidas pulsionais ou da realidade externa.

Nos dias de hoje assistimos a tentativas, mais ou menos organizadas, de diferentes grupos sociais que visam afirmar uma identidade grupal a partir de certas características que lhes são próprias e, a partir delas, formular reivindicações sociais. Mesmo pelo negativo, pela sua fragilidade, pelo sistema defensivo mais ou menos rígido que a sustenta, a temática da identidade nos diz respeito, seja como indivíduos, seja como analistas.

Em um trabalho de grande valia clínica, Abraham e Torok (1995) cunham a noção de "identificação endocríptica", que aparta importantes elementos para a compreensão de certos estados melancólicos, de lutos que estancam na sua possibilidade de serem elaborados. Os autores aludem a um estado inicial de idílio vivido com um objeto prestigioso, que corresponde à fantasia de Sérgio. Dizem os autores:

> *Entre o idílio e seu esquecimento, que chamamos recalcamento conservador, houve o traumatismo metapsicológico da perda, ou melhor, a perda por efeito desse traumatismo. E este elemento de realidade tão dolorosamente vivido, mas que escapa em nome de sua natureza indizível, a todo trabalho de luto, que imprimiu a todo o psiquismo uma modificação oculta. Oculta sim, porque será preciso mascarar, denegar tanto a realização do idílio quanto da perda. De tal conjuntura resulta a instalação, no seio do ego, de um lugar fechado, de uma verdadeira cripta, e isto como consequência de um mecanismo autônomo, espécie de antiintrojeção, comparável à formação de um casulo em torno da crisálida e que nós denominamos de inclusão. (Abraham e Torok, 1995, p. 279)*

Essa inclusão designa a chaga sempre aberta, a realidade dolorosa sempre renegada, ao mesmo tempo que o sujeito realiza o que os autores denominam de identificação endocríptica, que é regida, quanto seu conteúdo, pela ilusão de manter o *status quo* tópico anterior ao traumatismo. Assim, certas invenções do espírito se fundam em alguma chaga aberta no Eu e que vem esconder uma construção fantasística e secreta, exatamente no lugar em que, pela perda, o Eu foi mutilado. Vejo-me impedido de expor com mais detalhes a natureza das identificações de Sérgio que apontavam a um sentimento de menos valia incomunicável a não ser na situação de análise. Embora rodeado de homens e mulheres estava sempre só com suas feridas abertas. Foi por meio de um longo processo de ressignificação das perdas e do valor narcísico a elas atribuído que pôde rever seu modelo identificatório, a partir do qual o outro deixaria de ser um rival ou um triunfo para se tornar parceiro na experiência de existir.

Solidão e afetos na neurose

Se existem as solidões desestruturantes, existem outras cujo tom mais neurótico reside no seu aspecto defensivo que evita o contato, como a solidão do obsessivo ou do esquizoide. Trata-se de manter um distanciamento de si e do outro, na medida em que a proximidade seria capaz de suscitar um turbilhão afetivo de tal monta que o sujeito tenta controlar pelos mecanismos de isolamento e anulação qualquer possibilidade de encontro com o outro. Aceita apenas o lugar que lhe permite observar, escutar a distância, exercitar seu sistema de pensamento sem dele se afastar. John Marcher habita uma dessas solidões, construída com a habilidade de um exímio artesão da alma humana, como foi Henry James (1997). Cada passo, cada gesto ou palavra no texto, nos revelam esse mundo. Sabemos, a partir da experiência clínica, como é difícil atingir essas personalidades.

Os mecanismos defensivos regem o contato com May que, embora apaixonada, se ressente da falta de certos recursos da Gradiva, face ao atormentado Harold.

Mas o que não faltam são os elementos sádicos e masoquistas que torturam as personagens ao longo da narrativa. Marcher reclama da sua solidão, mortifica-se com ela, culpa-se por não poder oferecer a May o amor que ela merece. Mas tudo está voltado para o grande acontecimento. Alienação defensiva do Eu em um futuro que nunca chega:

> *Fortificações sintomáticas contra qualquer desejo, considerado pelo obsessivo como impossível, aumentam seu isolamento. Protege-se contra toda manifestação erótica, nele e em tudo que o circunda por meios que lhe são característicos (deslocamento, anulação, isolamento, negação). (Rosalato, 1974, p. 301, tradução nossa)*

Assim, podemos concluir que os mecanismos de defesa do obsessivo aumentam sua solidão. O indivíduo encontra em uma atitude, muitas vezes sádica, a única forma de endereçamento ao outro. Um analisando, em uma relação muito difícil com sua mulher, pela qual se sente permanentemente incompreendido, busca exercer, e consegue, um sistemático controle financeiro na relação. Por meio desse "domínio", que submete e humilha sua parceira, consegue ter a sensação de que mantém algum tipo de vínculo com ela.

Não menos importante na histeria, a solidão adquire outras formas. Vou me referir à Silvia, focalizando o aspecto da solidão e o seu uso transferencial e evitarei dados mais pessoais.

Silvia é solteira, mora sozinha, mantém um vínculo estreito com a família, principalmente, com sua mãe. No seu trabalho, as relações com seus colegas são, no momento, o principal foco de sua atenção consciente e prestam-se como suportes de seus conflitos inconscientes expressos por sentimentos de ciúmes, rivalidade, inveja...

Queixa-se de dificuldades nos seus relacionamentos afetivos. Diz que nunca teve um namorado disponível só para ela. Que eles acabam sempre arrumando outra. Segundo ela, todas conseguem menos ela. Silvia diz que nunca gostou de seu corpo, de ter nascido mulher, acha muito mais complicado do que ser homem, sempre se achou feia.

Nas primeiras entrevistas, sua fala é um fluxo ininterrupto de choro, queixas e de recriminações a si mesma; assim como de cobranças e exigências em relação ao outro. Silvia sente-se traída pelos homens, posta de lado e abandonada pelas amigas quando estas iniciam um relacionamento afetivo.

A analisanda vive uma intensa relação de dependência com um colega de trabalho. Submete-se a um vínculo de natureza masoquista (a dinâmica sadomasoquista, como podemos observar, é muito significativa em algumas formas de solidão) para não o perder. O analista também é assimilado a esse tipo de figura exigente, cobradora, que lhe demandaria ser outra, ideal inatingível. Acolhimento na família, saídas com amigos, sessão de análise, nada disso a satisfaz, uma vez que não lhe oferecemos o que quer: o namorado que aplacaria o seu sentimento de menos valia e a tiraria dessa condição humilhante que se apresenta perante nós. A relação é vivida como de extrema dependência, na qual predominam aspectos vorazes e demandantes. Segundo Brenman (como citado em Laplanche, 1974, p. 463), essa característica de relação com o objeto rejeita, em muitos momentos, cuidados reais que poderiam promover desenvolvimento em direção a uma maior independência, preferindo uma modalidade de dependência estéril.

Como analistas, estamos sujeitos a experimentar emoções e sentimentos originados na nossa contratransferência. Por momentos, sentimento de impotência e incapacidade tomavam conta de mim, às vezes, acompanhados de uma certa hostilidade pela minha compreensão da demanda de Silvia voltada para uma saída mágica: o encontro com um objeto idealizado que realizaria sua fantasia. Parece que essa resposta contratransferencial se origina em uma situação paradoxal à qual a paciente convida. Há uma demanda de ajuda originada pelo seu sofrimento e, ao mesmo tempo, aspectos cindidos, não integrados nesse pedido de ajuda, que não podem receber essa ajuda. Manter essa cisão seria manter eternamente esse estado de angústia e sofrimento, conforme aponta Joseph (1983). A leitura recente desse trabalho suscitou ressonâncias com os momentos vividos com minha paciente.

Houve momentos em que parecia que voltávamos à estaca zero. A analisanda ausentava-se por várias sessões e, muitas vezes ao retornar, chegava faltando poucos minutos para acabar seu horário de sessão e esse tempo era aproveitado para externar seu mal-estar, sua sensação de fracasso, acompanhados de um movimento autorrecriminatório e punitivo extremamente severo. Eu receava não poder sustentar o lugar de analista; sentia que era arrastado a admitir que não havia saída para seu sofrimento. Em outros momentos, quase me tornava um militante beirando o didatismo. Nessas ocasiões, tinha a sensação de que, se havia na paciente um desejo de mudança, este estava depositado em mim, enquanto ela esvaziava-se de qualquer capacidade egoica e me confrontava permanentemente com seu sentimento de desvalia por não atingir seu ideal. Joseph (1982) destaca no seu trabalho algumas características desse tipo de personalidade, em que vê agindo um intenso masoquismo capaz de criar um sentimento de desespero no analista, podendo conduzi-lo a agir crítica ou sadicamente com o analisando. Enquanto este, aparentemente, parece buscar compreensão. Diz a autora:

> *Se eles forem bem-sucedidos em se machucar ou em criar desespero, eles triunfam, desde que o analista perdeu seu equilíbrio analítico ou sua capacidade de compreender e ajudar, logo ambos, analista e paciente, fracassam. Ao mesmo tempo, o analista perceberá que há sofrimento e angústia em torno e estes deverão ser discriminados do uso masoquista do sofrimento. (Joseph, 1982, p. 449, tradução nossa)*

Achei muito esclarecedora essa compreensão, que contribuiu para elucidar o mecanismo que se punha em jogo nesses delicados momentos da análise de Silvia e do funcionamento da dupla. Dinâmicas que, postas em jogo no seu cotidiano, eliciavam movimentos sádicos de certos colegas aos quais se submetia, para regressar derrotada a um estado de solidão persecutório ou a seu único refúgio, à procura do colo materno.

A partir da sua insistência na procura desse objeto idealizado, pude perceber que havia uma dor narcísica, cujo aspecto traumático pulsional[5] a conduzia a estados de depressão. Green (como citado em Laplanche, 1974, p. 465) aponta como característica da histeria a luta contra o dano narcísico que conduziria à depressão. Rosalato (1974) também se refere à depressão como o momento no qual há uma retirada em relação ao outro, momento "onde a solidão se instala como crise dramática" (p. 302). No decorrer da análise de Silvia, foi possível investigar a natureza de seu universo de fantasias sobre esse dano narcísico. Foi a compreensão de seu sofrimento nessa direção que permitiu a elaboração de certos aspectos da contratransferência. Na direção da necessidade de Silvia de que esse outro ocupasse um lugar mágico assim como para qualquer um de nós ao longo do desenvolvimento psíquico e que, progressivamente, essa magia cedesse lugar a vínculos menos idealizados, conservando esse elemento mágico para raros momentos de paixão.

Uma dinâmica singular pôde ser observada desde o começo de sua análise. Compreendi tratar-se de aspectos ligados ao sentimento de solidão, que por sua vinculação à figura materna e angústia de separação. A solidão era um sentimento que Silvia apresentava com frequência. Aos poucos, foi evidenciado que esse sentimento ocupava um espaço psíquico que obedecia a diferentes dinâmicas. Em algumas situações, assumia características mais persecutórias, emergia em momentos próximos a minhas férias, ligado a sentimentos de abandono, acompanhados de sonhos de morte e vivências de

5 Esse componente traumático-pulsional abre a possibilidade de compreender sua posição masoquista e aspectos de um superego extremamente destrutivo.

desamparo. As vivências, que encontravam na situação de análise certas condições de serem compartilhadas, aproximavam-se das descritas por Klein (1963/1991), ao analisar os aspectos persecutórios inerentes ao sentimento de solidão. Principalmente no que diz respeito à existência de um superego cruel que tenha recalcado os impulsos agressivos. No entanto, em outros momentos, eu tinha a impressão de que outras dinâmicas ligadas à solidão estavam em jogo. Era como se Silvia procurasse criar uma situação na qual pudesse experimentar esses sentimentos e os usasse para atacar o outro. Como se, paradoxalmente, obtivesse um triunfo no seu sofrimento. Nesses momentos, diferentes dos anteriores, não experimentava por parte dela um interesse em ser compreendida ou compartilhar seu sofrimento, uma sensação amarga parecia se instaurar após a sessão. Desse modo:

> *A emoção, que domina o histérico, aponta na direção de uma aproximação ao outro, a um contágio e rompe o sentido. O outro atingido sem frases, no desdobramento emocional é convidado a abandonar os meios verbais de comunicação a retornar às indiferenciações do gesto, à identificação total. (Rosalato, 1974, p. 302)*

Constatei um uso sadomasoquista da solidão. Uma complexa dinâmica em que se faz sofrer ao outro, fazendo-se sofrer a si mesmo. Priva-se o outro de seus próprios atrativos, ao mesmo tempo que este também é culpabilizado pelo próprio sofrimento. Achei sugestivo esse caminho que nos ajudou a compreender por que via Silvia tentara preservar sua mãe da sua hostilidade consciente, mas como esta aparecia de um modo encoberto de sofrimento e autoflagelo, mobilizando culpa e castigo.

Procuraremos agora olhar para outro modo de experienciar a solidão, muito diferente dos expostos até agora.

Uma outra solidão

> *Lamentarei ter deixado para trás este quarto. Nunca me ensinaram a arte da solidão, tive que aprendê-la sozinho. Ela se tornou tão necessária para mim quanto os Beatles, tanto quanto beijos na nuca e carinho. Aqui posso seguir o rumo dos meus pensamentos, enquanto leio, escrevo, canto, danço, penso no passado e perco tempo. Aqui examinei minhas intuições mais sutis, deixei-me tomar por ideias obscuras mais urgentes. Estou falando dos prazeres de não falar, fazer ou querer, de se perder. (Kureishi, 2000, p. 42)*

Essas são as palavras que Hanif Kureishi põe nos pensamentos de Jay, protagonista da novela *Intimidade*. Encontrei nela uma das melhores formas de expressar aquilo que traduz a solidão positiva da qual nos fala Katz. É um modo muito particular de estar consigo mesmo, de se deixar conduzir, de se entregar confiante a si mesmo na espera de nada, a não ser esse encontro.

Esse modo de estar só difere dos outros de que falamos anteriormente. Aproxima-se do que Winnicott nos fala sobre a capacidade de estar só e de poder usufruir os aspectos criativos dessa experiência.

Quando li as linhas escritas por Kureishi, recordei uma situação clínica vivida há vários anos no meu consultório, com um jovem adolescente. Ele passava sessões a fio em um longo e prolongado silêncio. Eu tentava compreender, ao longo de meses, que sentido poderia ter seu silêncio. Tinha realizado várias tentativas de interpretação e nada do que eu dizia parecia fazer sentido. Inúmeros sentimentos me invadiam: impotência, incapacidade analítica, desinteresse total desse jovem analisando. Optei por acompanhá-lo no seu silêncio. Muitas vezes parecia absorto contemplando o cadarço do seu tênis gasto ou olhando as formações caleidoscópicas das nuvens através da janela. Um dia perguntei-lhe se sentia que vir às sessões tinha alguma utilidade para ele. "Bernardo", disse-me, "você não imagina como é bom vir aqui, poder ficar quieto, deixar que os pensamentos vaguem pela minha cabeça, não me sentir exigido como na escola ou na minha casa".

Alguns anos se passaram e deparei-me com um breve texto de Masud Khan (1983/1991) *Infância, solidão e loucura*. Nele, Khan interroga-se sobre a natureza e a função da solidão na infância.

> *Em primeiro lugar, procura o espaço e tempo para que as capacidades biológicas inatas se atualizem num estado psíquico pessoal. Pouco a pouco a criança se converte numa criança: uma criança com seus próprios direitos e sua própria intimidade. Em segundo lugar, grande parte do que a criança é incapaz, desde o ponto de vista da maturação, de transformar em experiência psíquica, passa para o esquecimento. Considero que a isto se referia Freud quando falava de recalcamento primário. Mas o que passa para o esquecimento não se perde, aparecerá posteriormente em estados loucos íntimos. E uso deliberadamente a palavra "louco", diferenciando-a do conceito de psicótico porque cada adulto está louco de um modo íntimo e também só. (Khan, 1983/1991, pp. 187-188)*

A interrogação seguinte de Khan é sobre como experimentamos essa loucura e essa solidão na vida adulta, "o fazemos de três modos, por meio da arte e da literatura, compartindo uma reciprocidade não excitada com o outro e através de estados místicos, do mesmo modo que os sufis persas ou os sacerdotes Zen" (Khan, 1983/1991, p. 188).

Para o analista, diz Khan, a verdadeira dificuldade surge quando o analisando traz à sessão seu estado louco e sua necessidade de estar só. Muitas vezes, e disto dou meu testemunho, é confundida com resistência. Mas diz, isso ainda não é o pior que fazemos como analistas, também tentamos atribuir um sentido ao não sentido da fala do analisando: "Nada disto ajuda; o potencial criativo da loucura volta a cair no esquecimento e o analisando já não está nem louco nem só, mas abandonado na sua solidão e perdido!" (Khan, 1983/1991, p. 188).

Considerações finais

As solidões apresentadas apenas ilustram algumas possibilidades nesse imenso território da condição humana. Aludem a alguns aspectos que foram trabalhados por diferentes analistas na tentativa de teorizar suas clínicas. Procurei sinteticamente relacionar essas propostas com os aspectos revelados pelas narrativas literárias, sem pretender, com isso, revelar o significado oculto delas, mas percebendo a correspondência entre a apreensão estética dos autores dessas solidões, nossa clínica e a teorização psicanalítica de situações semelhantes.

Freud não fizera da solidão um conceito, nem dedicara a esta um texto específico como alguns de seus seguidores o fizeram. No entanto, a solidão o acompanhou pessoalmente em muitos momentos de sua vida e aparece em alguns momentos particularmente importantes de seus trabalhos.

Escreve Freud ao seu amigo Fliess: "Muito obrigado por sua carta e por todo o calor humano que ela me traz. Quando volto a ver sua letra, vivo momentos de grande alegria, que me permitem esquecer grande parte de minha solidão e carência" (Masson, 1986).

Na sua obra, a solidão é associada ao escuro e ao silêncio, território privilegiado das angústias infantis. Angústias que irrompem na presença da "não mãe"; no anelo pelo objeto amoroso, surge o estranhamento do outro que não corresponde ao esperado. Esse movimento em direção ao objeto e sua frustração gera uma experiência traumática, um desencontro do qual resulta a emergência de angústia que, posteriormente, tornar-se-á sentimento de solidão.

Esse fracasso do encontro leva Assoun (1998) à seguinte afirmação:

> *O exame da dialética deste vínculo permite compreender onde está o problema da solidão, no inconsciente: é que a solidão é sintoma quando o sujeito é, mais ainda que abandonado, invadido pela presença de uma mãe cuja extrema nostalgia paralisa sua existência. A angústia da solidão é esse sentimento agudo de não poder estar separado, de ser "indexável" aqui e agora por este outro que, no entanto, não está aqui. (p. 82)*

Essa angustiante fenda traumática aberta, quando não cicatrizada, move o sujeito a uma permanente busca, muitas vezes de uma alma gemelar em que possa finalmente atingir o estado de ilusão onipotente perdido, a um circuito sadomasoquista nas neuroses, a sistemas identificatórios estereotipados ou a lutos que não podem ser elaborados.

Em um belíssimo texto, Radmila Zygouris (1995) nos fala da evolução da

> *precocidade do sentimento de solidão e incompreensão . . . da consciência igualmente precoce de um compartilhar impossível, originado numa "besteira materna", caso relatado, ou "sua frieza ou ausência" que viera inscrever na memória o fim de um idílio, quando não a confirmação da tristeza por ele nunca ter existido. (p. 140)*

Radmila nos fala aqui do fracasso do momento necessário do encontro da "alma gêmea" capaz de permitir sustentar a ilusão de ser compreendido sem palavras, a nostalgia de um "outro empático". Mas se a mãe se volta apenas para o visível, e não para esse mundo interno em formação, a passagem entre interior e exterior se vê perturbada, é dessa perturbação que os relatos anteriores nos falam. Das precárias tentativas de reencontrar um rosto no espelho que possa ser mais do que uma imagem plana de si. Há um fracasso da profundidade, e esse fracasso é experimentado como esvaziamento de si.

Dois movimentos descortinam-se. O duplo, como em *O Horla*, figura aterradora do que não pode ser mantido no interior, emergência de uma presença demoníaca na qual reina a indiscriminação Eu-outro. Ou a busca da gemelaridade, uma alma gêmea que possa compreender para além das palavras, que possa acolher. A "alma gêmea" é um duplo interior que se reconforta e representa no campo do amor, lá onde o duplo exterior é sinônimo de horror e solidão (Zygouris, 1995, p. 151).

Esse movimento de busca incansável tem emergido com frequência na nossa clínica, movimentos desesperados de encontrar esse outro que possa aplacar um "sentimento de solidão" insuportável. Esse movimento que muitas vezes fôra expresso na busca do amor romântico paradigmaticamente exposto por Goethe no *Sofrimento do jovem Werther* ou na poesia de Baudelaire (1857/1985), como bem nos lembra Zygouris:

Le vin des amants[6]

6 O vinho dos amantes: "O espaço hoje esplode de vida!/ Livres de esporas, freio ou birda,/ Cavalguemos no vinho: adiante/ Se abre um céu feérico e fulgurante!/ Como dois anjos que torturam/ Uma implacável calentura,/ No límpido azul da paisagem/ Sigamos a fugaz miragem!/ Embalados no íntimo anelo/ De um lúcido

Aujourd'hui l'espace est splendid!
Sans mors, sans éperons, sans bride,
Partons à cheval sur le vin
Pour un ciel féerique et divin!

Comme deux auges que torture
Une implacable calenture,
Dans le bleu cristal du matin
Suivons le mirage lointain!

Mollement balancés sur láile
Du tourbillon intelligent,
Dans un délire parallèle,

Ma souer, côte à côte nageant,
Nous fuirons sans repos ni trêves
Vers le paradis de mês rêves!

Na língua francesa, assinala Zygouris, o termo "irmã" tem a conotação de alma, assim o poema expressa o anelo baudelairiano do encontro com sua alma gêmea, e o compartilhar extasiado do mundo dos sonhos. A contrapartida do encontro é incompreensão, solidão e desamparo.

---

e febril afã,/ Qual um delírio paralelo,/ Lado a lado nadando, irmã/ Chegaremos enfim, risonhos,/ Ao paraíso de meus sonhos!". (Baudelaire, 1857/1985).

Por outro lado, há uma outra solidão que acolhe o pulsional sem se deixar destruir por ele, que tolera o encontro e desencontro consigo mesmo, que se abre para criação e a vida. Pois como diz Dolto (1995/1998): "Entendi há muito tempo que deixar as crianças, na solidão (não no isolamento) respeitar sua solidão aparentemente desocupada é indispensável para que elas não se tornem robôs dos outros" (p. 431).

Este breve percurso por algumas solidões revela a fecundidade da aproximação entre a literatura e a psicanálise. Também permitiu destacar os circuitos de uma metapsicologia da solidão. No próximo capítulo, retomaremos as questões da cultura na vertente da solidão como forma de mal-estar contemporâneo, da agudização da conflitiva do sujeito moderno e das possibilidades de gestão.

4. Solidão e mal-estar

Sempre haverá um dia em que o pensamento se libere, em que grupos exprimam seu desejo, em que os homens, que saberão ser sós e não souberam suportar a solidão imposta, pôr-se-ão a falar ao mesmo tempo e a construir novos projetos. São eles realizáveis? Impossível responder a uma pergunta dessas.

(Enriquez, 1998)

Mal-estar e desamparo

A cultura, como contexto indissociável, está sempre presente no processo de simbolização, logo na estruturação da subjetividade individual. Os diferentes contextos histórico-culturais, como foi possível observar no primeiro capítulo, ganham poder estruturante no binômio solidão e subjetividade. Assim, essa abordagem também nos auxilia na compreensão da questão da solidão no mundo contemporâneo, dominados por uma tecnologia massificante e por saídas narcísicas. Neste capítulo, procuraremos apontar algumas correlações entre certos traços da nossa cultura e a experiência da solidão.

Gostaria de retomar aqui a distinção feita por Mezan, assinalada na introdução deste livro, sobre o termo subjetividade. Ela poderia ser compreendida como experiência de si ou como condensação de uma série de determinantes. Essa segunda acepção é a que nos interessa no momento, à medida que situa o que entendemos por contexto.

Essa perspectiva é suficientemente ampla e esclarecedora para nossos objetivos, quais sejam, destacar esse movimento que vai do mundo para o Eu individual, e contribui para sua conformação, sem cair nas teorias ultrapassadas que opõem psique e mundo, ora vendo o segundo como projeção do primeiro, ora vendo a primeira como determinada exclusivamente pelas forças do segundo.

O primeiro capítulo deste livro aponta os ideais sobre os quais foi construída a ideia de Modernidade: a emergência do individualismo, a fé na razão e na ciência, o liberalismo como doutrina econômica. A esse longo, mas firme processo, que leva à consolidação da individualidade se contrapõe o Modernismo. Como aponta Birman (2000):

> *Com efeito, com o modernismo, os reinos do eu e da razão são postos em questão. Sua soberania e sua autonomia caem por terra, atingidos mortalmente em sua soberba. (p. 117)*

Marx, Freud e Nietzsche são os autores que marcaram a crítica da modernidade e de suas promessas. Isso porque tanto no campo da economia e da consciência como no da produção da verdade, eles revelaram o descentramento do sujeito a partir das ideias de: luta de classes na história, das pulsões que desestabilizam a ilusão identitária e da dimensão do poder inerente à produção do conhecimento. Assim, conclui Birman (2000): "o modernismo é a consciência crítica da modernidade. Até mesmo sua autoconsciência" (p. 119).

Se há algo que se revela no movimento que o modernismo e sua crítica instauram é o *desamparo* do sujeito na modernidade, que de algum modo tinha sido enunciado pelo Romantismo e por sua proposta de reencantamento do mundo como tentativa de contrastar seu impacto, como apontamos no primeiro capítulo. Mas, se o Romantismo se constituiu como revolta, o Modernismo o faz de forma diferente: visando a uma crítica das falácias da modernidade.

Os contos trabalhados no segundo capítulo testemunham em parte essa crise, em que a solidão se faz sintoma. Os "circuitos da solidão", por nós evocados, apontam alguns dos recursos que a psicanálise desenvolveu para mapear a subjetividade individual, para a qual a consciência e a ideia de um Eu unificado e racional naufragaram.

Embora Freud desenvolva a psicanálise no campo da subjetividade individual, está muito distante de ser um idealista. O homem, para Freud, está enraizado tanto no seu corpo biológico e pulsional, como nas instituições sociais normativas, que são matéria-prima na constituição desta subjetividade. Isso se revela em alguns textos fundamentais, talvez a mais conhecida seja a vertente pulsional, como apresentada nos *Três ensaios sobre a sexualidade*, *Pulsões e seus destinos*, *Introdução ao narcisismo* e *Para além do princípio do prazer*. Mas não menos importantes são seus trabalhos voltados para a cultura.

Se "Totem e tabu" (1913/1986m) pode ser considerado como o texto no qual Freud funda miticamente a emergência do simbólico na cultura, "O mal-estar na civilização (1930/1986f) será o texto que introduzirá a condição trágica do mal-estar inerente à condição pulsional do ser desejante. Não há harmonia possível entre pulsão e cultura, a não ser uma permanente gestão do conflito. Freud vai construindo o conceito de desamparo como correlato dessa condição.

Joel Birman é, entre nós, um dos autores mais dedicados à reflexão sobre a questão do mal-estar na modernidade e que tem procurado resgatar, em vários trabalhos, o pensamento freudiano nessa área.

Birman (1999) discute duas abordagens de Freud sobre o conflito entre pulsão e civilização.

A primeira, formulada em "A moral sexual 'civilizada' e a doença nervosa dos tempos modernos" (1908/1986g); a segunda, em "O mal-estar na civilização" (1930/1986f).

O que está em jogo em ambos os textos, nos diz Birman, é a relação entre os registros da civilização e da pulsão. O primeiro apontaria uma solução possível, vale dizer a uma harmonia a ser conquistada entre os dois polos pela mediação da psicanálise. No segundo, assinala Birman, a relação seria de ordem estrutural, isto é, o conflito jamais seria ultrapassado.

> *na versão final seria necessária uma espécie de gestão interminável e infinita do conflito pelo sujeito, de forma tal que este não poderia jamais se deslocar de sua posição originária de desamparo. Neste deslocamento crucial, dos registros da terapêutica possível para gestão, pode-se vislumbrar que o discurso freudiano assume uma perspectiva ética e política sobre o conflito. (Birman, 1999, p. 129)*

A noção de desamparo[1] *Hilflosigkeit* está presente ao longo da obra freudiana. Como muitas outras noções no pensamento de Freud, altera ou alarga seu sentido ao longo de sua obra. Destaco duas vertentes mais relevantes, uma que alude ao desamparo físico da cria humana que busca, por meio da ação específica, a satisfação da necessidade e outra que a posiciona em uma relação de dependência dos objetos originários (trama edípica), em um cenário ambivalente no qual coexistem demandas de amor e submissão.

---

1 Remeto o leitor para o minucioso trabalho de Mário Eduardo Costa Pereira (1999).

> *Se nos detivermos um pouco nessas situações de perigo, podemos dizer que, de fato, para cada estádio do desenvolvimento está reservado, como sendo adequado para esse desenvolvimento, um especial fator determinante de ansiedade. O perigo de* desamparo psíquico *ajusta-se ao estádio da imaturidade inicial do ego; o perigo de perda de um objeto (ou perda do amor) ajusta-se à falta de autossuficiência dos primeiros anos da infância; o perigo de ser castrado ajusta-se à fase fálica; e, finalmente, o temor ao superego, que assume uma posição especial, ajusta-se ao período de latência. (Freud, 1926/1986d, p. 134, grifo meu, tradução nossa)*

Freud alude aqui a uma das vertentes do desamparo, originadas pela imaturidade do Eu, tanto do ponto de vista psicomotor como psíquico. Vale dizer da incapacidade de fazer frente sozinho às demandas e necessidades, sejam pulsionais, sejam externas.

O sentimento religioso será também derivado do desamparo:

> *Afinal de contas, um sentimento só poderá ser fonte de energia se ele próprio for expressão de uma necessidade intensa. A derivação das necessidades religiosas, a partir do desamparo do bebê e do anseio pelo pai que aquela necessidade desperta, parece-me incontrovertível, desde que, em particular, o sentimento não seja simplesmente prolongado a partir dos dias da infância, mas permanentemente sustentado pelo medo do poder superior do Destino. Não consigo pensar em nenhuma necessidade da infância tão intensa quanto a da proteção de um pai. (Freud, 1926/1986d)*

Freud, quando pensa a origem do sentimento oceânico, refere-se ao desamparo, este seria menos contingente e mais estrutural no ser humano.

Birman sustenta que desde a introdução da ideia de pulsão de morte e da noção de angústia do real, os elementos existentes para situar a importância do desamparo no psiquismo se tornam mais aprofundados e precisos. Apenas para exemplificar essa ideia, poderíamos pensar no desenvolvimento que Freud faz da consciência de culpa em "O mal-estar na civilização", que tem sua origem na volta da pulsão de morte contra o próprio Eu, por meio do super Eu. Dada sua origem pulsional, esta só pode ser tramitada, nunca eliminada.

Isso dificulta a busca do bem-estar:

> *O programa que nos impõe o princípio do prazer de ser felizes é irrealizável; no entanto não seria lícito – ou melhor dizendo, não seria possível – abandonar os esforços para aproximar-se de algum modo da sua Realização . . . Sobre este ponto não existe conselho válido para todos, cada um deve ensaiar por si próprio o caminho em busca da felicidade. (Freud, 1930/1986f, p. 83)*

Se a primeira vertente da teorização freudiana sobre a sublimação admitia que o sujeito poderia ultrapassar seu desamparo pelo domínio seguro das pulsões sexuais, isso seria atingido pelo processo de sublimação, por meio da transformação do alvo da pulsão. Noção que encontra sérios limites na sua realização. Na segunda versão, aponta Birman, o discurso freudiano alude à ideia de que o sujeito não poderia se deslocar da posição originária do desamparo, o que implicaria que o sujeito deveria fazer uma gestão constante dele. Nessa versão, nos mostra Birman, não haveria uma renúncia pulsional ou uma modificação do alvo, mas, como Freud aponta na "Conferência 22" (1933/1986h) haveria uma nova economia do erotismo no processo de sublimação, que consistiria na transformação da pulsão de morte, de modo a tornar possíveis o erotismo e o trabalho de criação.

Aqui encontramos o lugar central que o outro pode desempenhar na dura tarefa dessa gestão, dado que esse movimento pulsional conduz à ação, não à atuação, mas a um agir no mundo, que leva o sujeito a sair de uma postura de encapsulamento. Voltaremos a esse ponto no tópico "Solidão revisitada".

O sentimento de solidão, expressão tão próxima do desamparo na nossa sociedade, tem se agudizado. Nossa hipótese é a de que nas condições da sociedade de massa, a qual vem se desenvolvendo desde o fim do século XIX e atinge hoje formas extremas, como veremos nos próximos itens, o sentimento de solidão resulta de um *esvaziamento do papel do outro* e dos vínculos do sujeito com ele. A sublimação seria a única saída possível para a gestão simbólica do desamparo e a reconfiguração do laço social esgarçado? Hannah Arendt sintetiza bem esse movimento, seu texto aponta para alguns fenômenos da cultura:

> *Nas circunstâncias modernas, essa privação de relações objetivas com os outros e de uma realidade garantida por intermédio destes últimos, tornou-se o fenômeno de massa da solidão, no qual assumiu sua forma mais extrema e mais anti-humano. O motivo pelo qual este fenômeno é tão extremo é que a sociedade de massas não apenas destrói a esfera pública e a esfera privada: priva ainda os homens não só do seu lugar no mundo, mas também do seu lugar privado, no qual antes eles se sentiam resguardados contra o mundo e onde, de qualquer forma, até mesmo os que eram excluídos do mundo podiam encontrar-Lhe um substituto no calor do lar e na limitada realidade da vida em família. (Arendt, 1958/2001, p. 68)*

Segundo Arendt, serão o isolamento e o desenraizamento do homem, responsáveis pela debilidade de sua capacidade de relacionamento social, que o tornarão presa fácil do totalitarismo.

Vamos dirigir nosso olhar para algumas das formas que esse mal-estar e desamparo têm assumido, para a partir delas poder olhar para a solidão e seus destinos.

Basicamente vamos privilegiar duas formas: as transformações na família e a "cultura do narcisismo". Esses dois aspectos contribuem e alargam nossa compreensão dos "circuitos da solidão" estudados.

A solidão na família

Saio do cinema extremamente mobilizado. O filme *Felicidade* (*Happiness*, 1998), de Todd Solondz, me invade. Por um retrato direto e cru, o diretor nos põe em contato com aspectos marcantes da solidão contemporânea. Três irmãs – uma escritora, que mascara sua solidão com arrogância, a outra dona de casa alienada na idealização do lar, casada com um psicólogo, que no decorrer do filme revela sua pedofilia; e uma terceira, que canta o amor, mas que não consegue encontrar ninguém para atender sua demanda, o que revela sua grande fragilidade. Os pais, distantes entre si, vivem um casamento agonizante. A imagem alienada e solitária das personagens denuncia a solidão na grande metrópole. As angústias não encontram contenção a não ser em atos compulsivos das personagens. Esses guardam uma surpreendente semelhança com muitos dos meus pacientes. Vivências de desencontro, sentimento mórbido de solidão e desamparo, desesperança melancólica, sexualidade maníaca. Nossa cultura globalizada das grandes cidades parece ter homogeneizado a subjetividade.

Filmes como esse e outros recentemente produzidos, como *Denise está chamando* (*Denise calls up*, 1995), de Hal Salwen, e *Festa de família* (*Festen*, 1998), de Thomas Vinterberg, revelam certos padrões subjetivos que convocam nossa atenção. O fenômeno contribuiu para reforçar a minha determinação em abordar essa temática.

Não se trata apenas de críticas à sociedade contemporânea ou de denúncias da hipocrisia da classe média ou de seus costumes. Aludem muito mais a uma atomização da sociedade, a uma incapacidade de comunicação, a uma certa falência da linguagem, a um regime de atos compulsivos, sexuais ou outras adições.

Deixamos o primeiro capítulo falando da família e das tensões dessa instituição no século XIX. Família esta que se tornará caixa de ressonância da crise do indivíduo na modernidade. Vamos tomá-la como exemplo dos efeitos culturais que estamos interessados em enfatizar: a família foi, e ainda é, na nossa cultura o lugar privilegiado no qual o bebê humano:

- Satisfará suas primeiras necessidades vitais, sofrendo maior ou menor grau de privação.
- Efetuará seus primeiros intercâmbios afetivos, responsáveis pela integração psicossomática.
- Será objeto de investimento afetivo, modulado por um lugar que ocupa na trama fantasmática dos adultos que o geraram e dele se ocupam.
- Emergirá, desse jogo do desejo simbólico, como sujeito. Isso ocorrerá a partir das possibilidades determinadas por esse campo singular de onde vem seu grito, que também contribui para estruturá-lo.

O Édipo, como formulado por Freud e desenvolvido e ampliado pela psicanálise pós-freudiana, encontra na especificidade das funções maternas e paternas os elementos fundadores da inserção do infans na cultura. Desde o vínculo narcísico com a mãe, até o reconhecimento da castração simbólica diferencial dos sexos e as saídas identificatórias possíveis.

Nessa perspectiva, o desejo humano encama a cultura que o produz, ao mesmo tempo que é seu produtor. Essas ideias, aqui apenas indicadas,[2] destacam o papel estruturante que a família possui em relação ao processo de subjetivação da criança.

O aprofundamento da clínica psicanalítica e o diálogo com outras disciplinas apontam que a elucidação dos fenômenos mentais adquire um grau maior de compreensão quando inclui um contexto mais amplo. Podemos focar um fenômeno e analisá-lo microscopicamente, no entanto, um alargamento do *zoom* nos oferece uma nova contextualização do processo, a partir do qual outros vértices de observação podem emergir.

Foram pioneiros os trabalhos do grupo de Palo Alto (nos Estados Unidos) sobre a psicose (teoria do duplo vínculo), e os trabalhos de uma psicologia social psicanalítica de Pichon Rivière e seus discípulos (na Argentina), ao incluírem os determinantes familiares na constituição da subjetividade. A influência da antropologia estrutural na obra de Lacan aponta para o importante papel que este outorgara à cultura e à linguagem. Assim como também em alguns de seus discípulos, na psicanálise com crianças, os trabalhos de Dolto e Mannonni. Bion e Winnicott, na Inglaterra, destacaram o papel da mãe ambiente na metabolização das primeiras experiências sensoriais e no nascimento do psiquismo.

A psicanálise ampliou seu escopo. Vínculos e lugares passam a desempenhar um papel de destaque. Vamos, então, ajustar um pouco mais nosso *zoom* nos elementos que caracterizam a família como grupo singular.

A estrutura familiar reúne um sistema de relações simbólicas e emocionais, das quais as dimensões inconscientes e irracionais fazem

---

2 O leitor encontrará o desenvolvimento dessas ideias em Tanis, B. (1995). *Memória e temporalidade: sobre o infantil em psicanálise.* Casa do Psicólogo.

parte. Segundo Isidoro Berenstein (1988), psicanalista que dedica grande parte da sua obra ao estudo da família, essa estrutura se caracteriza por:

1. Um sistema de parentesco que dispõe de lugares simbólicos.
2. Um discurso falado que organiza esses lugares. Nesse interjogo complexo pode-se distinguir:

a) relação com os objetos internos;

b) relação com outros;

c) relação com o lugar simbólico.

Esse modelo aponta a singularidade dos vínculos atuais de uma família como um dos lugares instituídos transgeracionalmente. Trata-se da simultaneidade de registros, lugares estruturalmente determinados, pessoas concretas que ocupam estes lugares, representações internas de si mesmo e dos outros. Vemos, então, que não se trata nem da projeção absoluta do mundo interno para o exterior, nem de uma estruturação absoluta de fora para dentro.

Podemos agora ampliar nosso *zoom* e perceber que, dificilmente, alguém se aventuraria a sustentar a ideia de uma organização social que não seja historicamente constituída. As divergências podem recair no modo pelo qual antropólogos, sociólogos, historiadores interpretam os percursos da história, sejam estes evolucionistas, funcionalistas ou estruturalistas. Mas não temos dúvidas do fato de que a família monogâmica e patriarcal é uma construção social e de que seu modelo vem sendo sistematicamente posto em crise na atual fase do desenvolvimento da sociedade ocidental.

As maiores transformações apontam para mudanças tanto nos lugares ocupados por essa instituição como nas discriminações entre sexo e gênero.

Reich já assinalava que a posição autoritária do pai reflete o seu papel político e revela a relação da família com o estado autoritário. Toda uma tradição da sociologia marxista discutiu o vínculo entre a família patriarcal burguesa e o capitalismo.

As transformações sociais apontam para um declínio marcante da figura do pai autoritário e para uma significativa transformação do papel e lugar social da mulher, movido tanto por sua entrada no mercado de trabalho como por sua independência em relação a uma maternidade imposta. A anatomia como destino passa a ser questionada. A institucionalização do divórcio e o livre exercício da sexualidade promoveram um desmapeamento (Figueira, 1987; Roudinesco, 2003) da família tradicional e novas formas de convívio e lugares subjetivos foram emergindo dessas alterações, como atualmente apontam inúmeras pesquisas. Quer dizer, as mudanças são notáveis consensos na sociedade de hoje.

No entanto, não é menos elucidativa a leitura de Adorno e Horkheimer quando propõem que:

> *A crise da família é crise integral do humanitarismo. Precisamente em que se desenha a possibilidade de uma plena realização do direito humano na emancipação da mulher, obtida graças à emancipação da sociedade, desenha-se igualmente – com igual força – a recaída na barbárie, em consequência da atomização e da dissociação da coletividade. (Adorno e Horkheimer, como citado em Canevacci, 1982)*

As tensões e contradições são inerentes aos diferentes momentos da história e neste sentido as configurações subjetivas não só apresentam sua positividade como afirmação identificatória, mas também o negativo, enquanto latente, resistente heterogêneo à universalização do subjetivo.

Novo *zoom*! Consequências da modernidade? Precisamos não só olhar para as transformações do masculino e feminino, mas para algo que parece ir além dessas transformações, no modo como o desenvolvimento da tecnologia, dos intercâmbios econômicos e dos novos discursos emergentes da cultura de massas afetam o sujeito e a família.

Com o projeto iluminista, a ciência e a razão deveriam substituir os preceitos supostamente irrefletidos da tradição e dos costumes. Assim, a passagem de uma sociedade heterônoma e tradicional para a sociedade autônoma deveria ser a grande conquista do ocidente civilizado. No entanto, Freud já alertava para o fato de que o ser humano jamais poderia se libertar de obscuras forças inconscientes e que, portanto, a tradição poderia se tornar compulsão. O passado continua vivo, mas em lugar de ser reconstruído de modo ativo, pode dominar a ação de um modo não reflexivo. A compulsividade pode ocupar o lugar da tradição e esta, o lugar da autonomia.

O que seria abandonado em uma:

- Sociedade heterônoma: os indivíduos acreditam firmemente, e não poderia ser diferente, que a lei, as instituições de sua sociedade não são sua própria obra, mas lhes foram outorgadas, de uma vez e para sempre, por outrem – os espíritos, os ancestrais, os deuses. Isso vale tanto para as sociedades históricas quanto para as religiosas. A criação da sociedade e suas instituições se deve a uma fonte externa e, como consequência, a sociedade se aliena de suas próprias instituições.

O que deveria ser atingido por uma:

- Sociedade autônoma: cria suas próprias leis, as instituições são seu produto. Os indivíduos podem questioná-las e modificá-las. Reconhecem que não pode viver sem leis. O indivíduo autônomo estaria em condições de modificar sua própria vida.

O que dominava a sociedade heterônoma era esse aspecto de tradição, como aponta Giddens. Nela, a tradição é uma orientação para o passado, de forma que este tem uma pesada influência sobre o presente ou é construído para ter esta influência. Envolve ritual e guardiães da verdade.

Todas as tradições têm um caráter normativo ou moral que lhes proporciona um caráter vincular. Processos interpretativos pelos quais passado e presente são vinculados. A tradição contempla uma medida de *segurança ontológica* para aqueles que a eles se encontram vinculados. É mais importante quando menos é compreendida como tal.

A passagem para a sociedade moderna não foi sem consequências, como aponta Giddens (1997):

a) quando a tradição é atenuada, o passado se transforma em inércia emocional;

b) o projeto reflexivo moderno depende de um grau de maturidade emocional;

c) o protótipo da relação pós-tradicional depende da intimidade;

d) a sucessão das gerações é despida do valor como meio fundamental de transmissão de símbolos e práticas tradicionais.

Giddens (1991) também analisa o período denominado por alguns autores como "Pós-modernidade" ou, como ele prefere, uma certa radicalização da modernidade. Para ele:

a) o ritmo das mudanças;

b) o escopo delas; e

c) a natureza intrínseca das instituições gera um estado de perplexidade tal que parece estar fora de nosso alcance compreendê-lo.

O autor destaca uma mudança no equilíbrio entre:

Ambiente de confiança e Ambiente de risco, com a balança pendendo para o lado direito. A sociedade tradicional oferecia lugares aparentemente seguros em termos sociais e identitários; hoje o autor identifica uma maior indefinição.

A tradição, como apontamos anteriormente, é um meio de assegurar a identidade. As ameaças à integridade das tradições são experimentadas como ameaças à integridade do Eu. A solidão – como estado e sentimento – é uma das respostas do indivíduo a essa crise; com ela, observamos na nossa clínica depressões, manifestações de narcisismo exacerbado, substituições maciças de vínculos interpessoais por relações com objetos-fetiches, adesões a uma cultura de imagens bidimensional, e uso crescente de drogas.

Seria demasiado para nosso objetivo nos estender na análise de Giddens das sociedades pré-modernas e das modernas, por isso apenas enfatizamos a distinção feita por ele entre sociedades tradicionais e pós-tradicionais:

> *Em todas as sociedades, a manutenção da identidade pessoal, e sua conexão com identidades sociais mais amplas,* ***é um requisito primordial de segurança ontológica****. Esta preocupação psicológica é uma das principais forças que permitem as tradições criarem ligações emocionais tão fortes por parte do "crente". As ameaças à integridade das tradições são muito frequentemente, se não universalmente, experimentadas como ameaças à integridade do ego. (Giddens, 1997, p. 100)*

Aqui identificamos o Eu enfrentando o desamparo pela crise de suas representações ideais. Crise de representações identitárias: quem sou eu, vou casar-me, ter filhos? E se os tiver, como educá-los? Quais os valores certos, minha moral? O que me concede segurança no meu existir? Sou eu por mim mesmo? Há confiança em algum grupo, ou a paranoia e atomização do social se generaliza? A única garantia será uma exacerbação do narcisismo? Seremos todos super-heróis, máquinas sem descanso, sempre prontos para novas missões?

Aqui nos aproximamos do ponto para o qual pretendíamos convergir com nosso raciocínio. Esse exercício de *zoom* foi necessário para situar em que aspectos específicos à clínica, que hoje praticamos, detecta os efeitos de transformações na subjetividade, as quais apontam na direção de uma insegurança crescente no campo identificatório ou na sua contrapartida autoritária e atomizante. Na clínica com crianças e famílias, mais especificamente, observamos:

- Pais procuram um analista para filho que não apresenta problemas aparentes, mas acreditam que um processo terapêutico poderá contribuir para garantir sucesso no futuro. Uma espécie de vitamina psíquica? Qual a expectativa desses pais, que angústias, inseguranças e ideais os movem?
- A criança vive cercada de um mundo de objetos, brinquedos eletrônicos, TV, computador, defesas autísticas ou novas formas de subjetivação?
- Casais que tinham adotado uma ideologia conhecida como DINK (*double income no kids*) sentem-se perplexos diante das crianças que resolveram trazer ao mundo.
- Angústias violentas frente ao ingresso na adolescência, ausência de modelos identificatórios, dificuldades sociais e econômicas que se agudizam no contexto das desigualdades sociais.
- Emergência de respostas fálicas, autoritárias e muitas vezes violentas como forma de defesa frente ao desamparo.
- Abusos da infância: sexuais, exploração do trabalho, situações nas quais a criança se oferece ao gozo do outro.

Esse breve exercício, de um tema que em si mesmo poderia ser objeto de muitos trabalhos, descortina o cenário de transformação de uma instituição e de suas componentes individuais e alude ao esforço que o analista deve fazer do ponto de vista ético e teórico na tentativa de aprimorar seu método e sua escuta para enfrentar esses desafios.

Vazio, solidão e narcisismo: figuras da contemporaneidade

Há aproximadamente vinte anos, ainda estudante, tinha ficado muito impactado pela leitura de um breve romance de Peter Handke (1976/1985), *A mulher canhota*. Posteriormente, li outros romances do autor como *Angústia do goleiro na hora do gol*, levado ao cinema por Wim Wenders. O que me impactou na leitura daquela época foi uma linguagem fria, meticulosa em detalhes, mas desafetada. As personagens pareciam exibir um distanciamento que nunca tinha visto descrito em outros textos. A indiferença e o ato pareciam dominar a cena. "Algum dia vou escrever sobre isto", tinha me dito. Os anos se passaram. Na época não tinha ouvido falar ainda em Cultura do narcisismo, Pós-modernidade e, claro, tudo o mais que vem sendo escrito a esse respeito desde a década de 1980.

Lendo *A era do vazio*, de Lipovetsky (1983), especificamente o segundo capítulo intitulado "Indiferença pura", reencontrei-me com *A mulher canhota*, aquela mulher, mãe de um menino de 8 anos, que chega um dia para seu marido e mantém o seguinte diálogo, que reproduzo:

> *Bruno:*
>
> *Muito bem, agora fale.*
>
> *A mulher: – De repente tive essa iluminação – riu daquela palavra também – de que você ia me deixar; que ia me abandonar sozinha. Sim é isso: vá embora, Bruno. Me deixe sozinha.*

Algum tempo depois Bruno balançou várias vezes a cabeça, concordando, ergueu um pouco os braços e perguntou: – Para sempre?

A mulher: – Não sei. Só vai embora, e me deixa sozinha. – Ficaram calados.

Na leitura da novela, ficamos sem compreender os motivos desse pedido. Há algo que foge à nossa compreensão ou tentativa de interpretação. Assim o comenta Lipovetsky (1983):

> *Exigência ininteligível de solidão que é preciso, antes de mais, não reduzir a uma vontade de independência ou de libertação feminista. Sentindo-se todas as personagens igualmente sós, o romance não pode reduzir-se a um drama pessoal; de resto, que grelha psicológica ou psicanalítica seria suscetível de explicar o que justamente nos é apresentado como esquivo ao sentido? Metafísica da separação ou do solipsismo. Talvez, mas o mais interessante situa-se em outro lugar; A mulher canhota descreve a solidão deste fim de século XX, mais do que a essência intemporal da derrelição. A solidão indiferente das personagens de P. Handke. Já nada tem a ver com a solidão dos heróis da idade clássica nem mesmo com o spleen de Baudelaire . . . Nenhuma revolta, nenhuma vertigem acompanha; a solidão tornou-se um fato, uma banalidade do mesmo registro dos gestos do quotidiano. (p. 45)*

Não se trata mais da solidão das almas poéticas, assinala Lipovetsky (1983), as consciências não se definem pela dilaceração recíproca, o

> *conflito cedeu lugar à apatia e à própria intersubjetividade encontra desinvestida... Não satisfeito com produzir o isolamento, o sistema engendra o seu desejo, desejo impossível que, logo que realizado se revela intolerável: o indivíduo pede para ficar só, cada vez mais só e simultaneamente não se suporta a si próprio, a sós consigo. Aqui o deserto já não tem começo nem fim. (p. 46)*

Temos de ressaltar que enfatizamos nesse movimento os autores citados e nos referimos à vida nas grandes cidades, neste momento do desenvolvimento global do capitalismo. Hoje, mais e mais pessoas vivem só nas grandes cidades, esse movimento é conhecido como *cocooning* (viver em casulo). Plugados à TV a cabo, fax, computador, o indivíduo pode ser capaz de trabalhar, garantir entregas de alimentos, evitando a esfera familiar ou pública de contatos. Isso se transformou em um verdadeiro nicho de mercado, os produtos para "*singles*", desde pequenos apartamentos até porções individuais de alimentos nas prateleiras dos supermercados.

A cultura moderna forjou seus mitos. Watt, em *Mitos do individualismo moderno* (1997), nos fala de Fausto, Dom Quixote, Dom Juan e Robinson Crusoe. Para esse autor, o mito "é uma história tradicional largamente conhecida no âmbito da cultura, que é creditada como uma crença quase histórica, e *que encarna ou simboliza alguns valores básicos de uma sociedade*" (Watt, 1997, p. 16, grifo meu). Assim, essas personagens, embora muito diferentes em suas respectivas empreitadas (o domínio da ciência, as conquistas amorosas, o elogio ao poder empreendedor do espírito liberal), possuem certas características que as tornam representantes de uma ideologia.

Segundo Watt (1997, pp.129-133), as três personagens – Fausto, Dom Quixote e Dom Juan – têm egos exorbitantes, são em boa medida viajantes solitários, existem dentro de um vácuo doméstico, nenhum estabelece amizades estreitas e sólidas, nem mesmo com homens ou mulheres cujas opiniões fossem semelhantes às suas – relação dominante é a do homem com seu criado.

Conhecemos outros mitos modernos como o de *Frankenstein*, romance no qual Shelley ilustra a vontade de poder gerar vida no laboratório, mito tão próximo a algumas realizações nos nossos dias. Mas, se apontamos esses mitos do individualismo moderno, foi apenas para introduzir a questão do mito que tem dominado nossa cultura, o mito de Narciso, como o fizera notar Lasch (1979/1983) no seu já muito conhecido *A cultura do narcisismo*. Lasch destaca, a meu ver, uma questão muito importante, qual seja, a relevância dos traços de caracteres psicológicos do narcisismo, para a partir deste poder estabelecer conexões com certos padrões característicos da cultura contemporânea.

Esses traços: "dependência do calor vicário proporcionado por outros, combinado a um medo da dependência, uma sensação de vazio interior, ódio reprimido sem limites e desejos orais insatisfeitos" ou traços secundários, como "pseudo autopercepção, sedução calculada, humor nervoso e autodepreciativo", serão associados a certas características da cultura contemporânea como "o temor intenso da velhice e da morte, o senso de tempo alterado, o fascínio pela celebridade, o medo da competição, o declínio do espírito lúdico, as relações deterioradas entre homens e mulheres" (Lasch, 1979/1983, p. 57).

O que essa colocação de Lasch trouxe de inovador, a meu ver, é o fato de não se ater a categorias superficiais de um caráter egoísta, ou excessivamente individualista, mas de levar à análise sociológica descobertas de mecanismos psíquicos altamente complexos e de tentar identificar a existência de correlações, ou não, em uma esfera mais geral da sociedade.

Assim:

> *Apesar de todo seu sofrimento íntimo o narcisista possui muitos traços que permitem o sucesso em instituições burocráticas, as quais valorizam a manipulação das relações interpessoais, desencorajam a formação de relações pessoais profundas e, ao mesmo tempo, dão ao narcisista a aprovação de que ele precisa para validar sua autoestima. Embora possa recorrer a muitas terapias que prometem dar sentido à vida e superar seu senso de vazio, em sua carreira profissional, o narcisista goza de sucesso considerável. (Lasch, 1979/1983, p. 69)*

Por outro lado, como negativo do vazio, há um hiperinvestimento do Eu, como mostra Sennett (1974/1998). Uma hipertrofia dos cuidados de si, do corpo, e da imagem como também de um cultivo da intimidade como técnicas de atingir um ideal cada vez mais distante.

Lipovetsky, dialogando com Lasch e Sennett, afirma:

> *Não é verdade que os indivíduos procurem um desprendimento emocional e se protejam contra a irrupção do sentimento; a esse inferno povoado de mônadas insensíveis e independentes, devemos opor os clubes de encontros, de ligações, de amor, de encontros, que precisamente se realizam cada vez com mais dificuldade. Aqui o drama é mais profundo que o pretenso desprendimento cool: homens e mulheres continuam a aspirar tanto quanto antes (ou talvez nunca tenha havido tanta procura) à intensidade emocional de relações privilegiadas, mas quanto mais forte é a expectativa, mais raro parece tornar-se o milagre fusional ou, em todo caso, mais breve. Quanto mais a cidade desenvolve a possibilidade de encontros, mais sós se sentem os indivíduos; quanto mais livres e emancipadas*

> *das coações antigas as relações se tornam, mais rara se faz a possibilidade de conhecer uma relação intensa. Por toda parte encontramos a solidão, o vazio, a dificuldade de sentir, de ser transportado para fora de si: de onde uma fuga para "experiência" que mais não faz do que traduzir esta busca de uma experiência emocional forte. (Lipovetsky, 1983, p. 73)*

Esse percurso nos mostra as ambiguidades e contradições do narcisismo na nossa cultura, o que também foi contemplada na narrativa do caso clínico de Sérgio. Quanto mais encapsulada dentro de si for a pessoa, mais mascarado aparecerá um sentimento de solidão negativo que busca desesperadamente algum tipo de experiência fusional que possa preencher, obturar esse sentimento de vazio e deserto que toma conta da existência.

A insuportável solidão imposta

Os três itens anteriores deste capítulo tiveram como objetivo assinalar o modo pelo qual, nas últimas décadas, o individualismo, que teve início na Modernidade, adquiriu formas extremas, de modo que a gestão do mal-estar se tornou mais difícil no campo definido pela crise da família, pela cultura do narcisismo e pela economia globalizada. Sustentei a ideia de que a constelação cultural apresentada torna a solidão, na sua diversidade, uma experiência dominante na atualidade. Isso outorga aos "circuitos da solidão" e às dinâmicas da solidão estudadas uma singular relevância clínica e social no atual contexto histórico-cultural.

Se os circuitos neuróticos se fazem presentes, há uma dominância daqueles ligados à separação, identificação e narcisismo, como assistimos nas manifestações clínicas e também no cinema e na literatura. Isso não nos surpreende, à medida que as características dominantes da cultura, como vimos, reforçam tanto as angústias de separação e perda, como os aspectos narcísicos, em contraposição aos vinculares. Aparecem, então, formações reativas para contrastar com as intensas angústias de desamparo e solidão.

Giddens (1997, p. 128) afirma que, na sociedade pós-tradicional, há quatro modos de enfrentar os choques de valores entre indivíduos ou coletividades:

a) enraizamento na tradição;

b) alheamento hostil do outro;

c) coerção ou violência; e

d) discurso ou diálogo.

Essa simples ordenação, que o autor considera como possibilidades imanentes das sociedades, tem o mérito de tornar explícitos certos movimentos contemporâneos. E podem também apontar para o que chamamos de formações reativas para enfrentar a solidão e o desamparo.

O "*enraizamento na tradição*", que poderia evocar certos aspectos do Romantismo, assume formas extremas, como as diferentes formas de fundamentalismos e diferentes seitas religiosas ou místicas. Esses aludem a certas tendências de grupos ou massa, que encontram na volta às tradições o lugar da verdade, da identidade e da pertinência, diante de tradições e valores abalados pela própria modernidade. A família burguesa oferecia ainda algum refúgio para as tradições e segurança. O emprego fixo, a promessa de um maior desenvolvimento, os sindicatos e partidos políticos representavam a esperança de mudanças sociais. No entanto, com a crise destas duas instituições – família e trabalho – emergem como respostas a tendências de enraizamento na tradição, como busca de saídas imediatas ou o reino dos céus. Um correlato dessas tendências em alguns indivíduos é a busca por um outro a quem se aderir ou colar. Esse fenômeno emerge também na situação transferencial, quando alguns analisandos não só idealizam o analista, mas instauram uma verdadeira relação de dependência e submissão. Ouvimos queixas de analisandos envolvidos em relações dessa natureza, nas quais são maltratados e humilhados por parceiros sexuais ou, igualmente, por parceiros profissionais. Mas é preferível a submissão e dependência a ver exposta a chaga aberta da solidão.

O "*alheamento hostil do outro*" será outra das formas encontradas pelos indivíduos como resposta. Talvez essa seja a forma dominante na "cultura do narcisismo". Esses homens adotam uma atitude dita realista, que de fato é perversa, e que visa tirar proveito máximo da manipulação dos desejos dos outros.

> *Conscientes de estar vivendo num mundo onde os valores parecem falsos, ou um tanto quanto empoeirados . . . eles decidem viver no efêmero e nele se comprazem. Consideram a vida apenas um "simulacro" (Baudrillard), e nele se comprazem. Para esses homens "cínicos", nada mais prazeroso do que ver pessoas tentando ainda dar um sentido à realidade, lutando pelos seus ideais, ao passo que eles "sabem", há muito, que o sentido abandonou este mundo deserto e que a ele não mais voltará. Estes homens são sós e sua solidão lhes agrada. (Enriquez, 1998, p. 12)*

Alguns encontram outras formas de *alheamento*, no recurso às drogas, sejam legais ou não. Quando a onipotência se vê abalada e o sofrimento psíquico emerge, quando o esforço de enfrentar a realidade ou o tédio tomam conta, quando o medo e o pânico parecem não encontrar contenção, as drogas encontram seu campo fértil de ação.

Sennett (1974/1998) aponta como o contato sexual é esvaziado de afeto e de qualquer ideia de compromisso pessoal ou social. Esse tipo de analisando no consultório se mostra extremamente impaciente, a sua procura de análise surge quando emerge uma angústia frente ao vazio de sua existência ou perda de poder nas relações profissionais. São tomados pela sensação de que os círculos de prazer, nos quais se mantinham engajados, não mais os satisfazem. Não buscam uma transformação, mas reestabelecer uma plenitude e potência perdidas. Somos convocados para obturar e restaurar. Somos equiparados aos cirurgiões plásticos, a todos que detêm uma tecnologia para garantir a imortalidade dos corpos, o ideal estético da sociedade e vacinar o psiquismo contra a tristeza e a dor.

A "*coerção e violência*" são as formas assumidas pelas ditaduras ou pelo terror, seja este de Estado ou de grupos organizados. As diferenças negadas e o cinismo de grupos dominantes criam outros grupos que vivem à margem da sociedade. Uns se *isolam* na ilusão de preservar suas prerrogativas, outros na sua identidade marginal. "Daí esses movimentos esporádicos em que de repente um 'subúrbio' expressa sua violência, entrega-se à destruição exprimindo, através de atos, o desespero de viver num mundo sem horizontes" (Enriquez, 1947/1998, p. 17).

Em certos extratos, a sociedade globalizada se imagina homogênea e esse elitismo tem se manifestado nos últimos anos na Europa, no ressurgimento da discriminação e do racismo. A uma solidão que se manifesta na exclusão e discriminação.

No nosso país, as diferenças sociais e o esgarçamento do tecido social atingiram tal grau que a violência está na ordem do dia, a vida como valor absoluto passou a ser relativizada, o ódio entre as classes sociais se incrementa, assim como a culpa e o ódio por si mesmo.

Birman (2000) aponta a face dessa violência como decorrência do pacto sadomasoquista, pelo qual "a figura onipotente do protetor goza com a fragilidade do outro, alimentando-se disso e engrandecendo sua figura narcísica" (p. 128). Nesse contexto, líderes carismáticos podem catalisar essa violência alimentada pelo ressentimento e pela humilhação da posição servil.

Essas posturas também emergem na clínica cotidiana. São discursos que nos surpreendem pelo ódio e pelo rancor, pela discriminação, xenofobia e racismo. São situações-limite, nas quais o analista se depara com as bordas da transferência. Onde seu próprio projeto de cidadania é posto em questão.

Por último, seguindo a proposta de Giddens, encontramos o "*discurso e diálogo*". Uma fé na tão deteriorada capacidade de diálogo diante de forças irracionais e reativas, como apontado muitas vezes pelo filósofo e ensaísta brasileiro Paulo Sergio Rouanet. O discurso e o diálogo remetem-nos ao outro. À possibilidade de transformar os aspectos irracionais e narcísicos que nos aprisionam em um solipsismo ideológico e discriminador. E assim movimentar-se na direção de uma solidão positiva, que aponta para a singularidade sem perder a dimensão universal da humanidade.

A solidão revisitada

Diante dessa crise da subjetividade exposta, das narrativas, dos modelos identificatórios, ante um crescente funcionamento do sujeito no regime do ato, de irrupções irracionais, de ausência de projetos sociais, o psicanalista teria uma resposta a oferecer? Acredito que sim.

O percurso realizado, investigando a subjetividade e aprofundando o estudo da solidão naquilo que chamamos de "circuitos da solidão", instrumentalizou-nos para aprofundar o estudo de certos estados subjetivos do indivíduo no mundo contemporâneo.

A reflexão sobre a gestão do desamparo nas suas múltiplas formas, assim como da solidão no atual contexto cultural, requer mais investigação e originalidade de propostas. Isso já transcende o escopo desta tese. No entanto, gostaria de avançar pelo menos algumas ideias.

Este livro, na sua maior parte, foi dedicado às dificuldades do indivíduo em lidar com a solidão e com os sentimentos a ela associados. Em alguns momentos, fizemos referências à positividade da solidão. Gostaria de retomar essa última vertente, em um diálogo com Enriquez (1998), que aponta para o potencial da solidão, como recurso e retorno ao político.

Essa perspectiva se apresenta como uma inversão de perspectivas frente ao panorama sombrio do homem só.

> *A solidão remete cada um à sua própria interioridade, à experiência com seus "turbilhões íntimos". Ela provoca uma interrogação sobre a capacidade de relação dos indivíduos e sobre o lugar que eles desejam ocupar no corpo social. É um fermento do pensamento, pois põe a nu as impossibilidades sociais e as submetem à crítica. Favorece a singularidade e, de modo aparentemente contraditório, a possibilidade de desenvolver ações coletivas. (Enriquez, 1998, p. 18)*

Nesse parágrafo, vemos ressurgir alguns valores inerentes à solidão que, quando tomados pela negatividade, passam despercebidos, ou melhor dizendo, capturados pela representação negativa da solidão, seja como sentimento, seja pelas formas reativas, como apontamos anteriormente. Assim, o potencial transformador e criativo da solidão no campo da subjetividade singular, como do corpo social, fica excluído.

Um dos ganhos da análise é a possibilidade de transformar um sentimento negativo de solidão em uma experiência em que a solidão se manifeste como fundamento da singularidade. Não como apologia do estar só, mas como capacidade de se voltar para o outro a partir dela. A solidão, concebida desse modo, pode ser uma resistência contra as forças de um narcisismo negativo que favorece o desligamento.

A partir de uma posição de não fusão com o outro (seja outro indivíduo, uma ideia ou uma instituição), um olhar crítico do indivíduo para a sociedade torna-se possível. Isso permite um retorno para o político. Abrem-se as possibilidades de transformação social e criação.

Quando um psicanalista fala em transformação e criação, de imediato surge a ideia freudiana de sublimação. Uma noção sobre a qual vários analistas já manifestaram as dificuldades teóricas que representa. No entanto, o que nos interessa é destacar, seja na sua primeira versão de uma espiritualização da pulsão, conservando sua energia, mas alterando seu objeto, seja na segunda, voltada para o domínio de Eros, implicando uma horizontalização das relações, e que ambas implicam um movimento de produção de objetos culturais, de modo geral, compartilháveis. Vale dizer que a cultura ocupa um lugar central nos destinos da sublimação. Podemos apontar que essas produções detêm um valor simbólico que lhes permitem ser compartilhadas e usufruídas por outros.

No trabalho com meus analisandos, ao qual me referi ao longo deste livro, e outros não mencionados, percebi que essa capacidade simbólica e criativa era extremamente deficitária. O interesse principal voltava-se para os aspectos narcísicos ou fusionais da existência. O mundo, o espaço cultural era apenas usado como um grande supermercado destinado a seu consumo ou à oferta de seus bens.

A ideia de espaço potencial de Winnicott esteve presente em muitos momentos como pano de fundo. O aparecimento das primeiras mediações simbólicas com esses pacientes foi chamando minha atenção. Havia um emergir criativo no contexto da análise e um nascimento ou reapropriação de áreas da personalidade que, até então, pareciam não existir.

Se Winnicott nos fala que a análise se dá na intersecção de duas áreas do brincar, a do analista e do analisando, podemos apontar uma outra metáfora, que fala de uma solidão compartilhada. Transitar por essas solidões foi também inaugurar um novo espaço de relação. Quando iniciei a discussão sobre os "circuitos da solidão", o fiz com base na tensão entre o Eu e o objeto, sobre a qual construí as primeiras hipóteses, levando em consideração a noção de objeto-trauma de Green. Todo esse percurso mostrou a importância desse outro. O analista, no lugar desse outro, pode às vezes abrir uma brecha que, ao não ser experimentada como vazio ou intrusão, inaugure uma nova relação com a alteridade.

Ao trabalhar com processos de simbolização e criação, a análise não só torna consciente o inconsciente, mas produz experiências culturais inéditas. Jurandir Freire Costa, ao comentar o aporte de Winnicott às ideias de cultura e de gestão do mal-estar, afirma:

> *Ao falar da "localização da experiência cultural no psiquismo", ele realça o que parece ser, ao mesmo tempo, trivial e inusitado. A cultura não é algo exterior ao "substrato" do sujeito e, tampouco; é o outro da pulsão. Do mesmo modo, seu objetivo primordial não é vetar o acesso das pulsões à vida mental consciente ou à realidade. Ela é o lugar onde o simbólico e o pulsional interagem. Ela é parte integrante da subjetividade, seja a título de regras gerais de pensamento, desejos e julgamentos, seja a título de meio onde a pulsão encontra objetos de satisfação e se defronta com as manifestações pulsionais do outro. As pulsões, em particular as criativas, precisam do "jogo", do "brincar" ou da área intermediária para não se tornarem um pântano de águas paradas, fadadas ao desaparecimento pela evaporação. (Costa, 1999, p. 24)*

Aqueles analisandos tinham desinvestido a cultura, o social como um lugar de criação, abandonando a possibilidade de vivê-lo como um espaço lúdico e potencial. Acontece que, em grande medida, como os itens anteriores o ilustram, em certos aspectos as culturas nas grandes cidades globalizadas também perderam essas características, favorecendo então esse alheamento do outro. Por isso nos surpreende e nos agrada o contato nas pequenas cidades do interior, onde vemos formas intensas de convívio comunitário, festas e manifestações, onde o pulsional e o cultural entrelaçados expressam com criatividade um potencial esmagado em outros contextos.

A psicanálise pode oferecer a possibilidade de um resgate dessas potencialidades, mas, para isso, os analistas também devem estar atentos e trabalhar pela gestão do próprio mal-estar. Crises institucionais, guerras escolásticas, identidade profissional postas em questão pela psiquiatria e pelas terapias cognitivas, recuo da demanda de análise e busca de soluções imediatistas, são algumas questões com as quais o psicanalista tem de se haver nos dias de hoje.

Ouvimos sempre falar do solitário lugar do analista. Cabe a indagação sobre como nós, analistas, lidamos com as forças que estimulam o narcisismo e que, ao mesmo tempo, conduzem a uma massificação alienante. Como enfrentamos os problemas que, como grupo, nos atinge. Não resta dúvida de que o lugar do analista permanece crítico frente às demandas totalizantes do Eu. Nesse sentido, não podemos pretender uma visão totalizante da nossa disciplina.

A ousadia do analista em criar teorias regionais, originadas da clínica, que nos permitam um intercâmbio e liberdade sem, necessariamente, invalidar as valiosas contribuições dos grandes sistemas conceituais que já possuímos, poderá nos auxiliar em nossas novas demandas.

Isso poderá instrumentalizar a nossa clínica, tanto técnica, como teoricamente, revigorando o aspecto libertador e emancipador da psicanálise, a contrafluxo de forças adaptativas ou atomizadoras na nossa cultura.

Como analistas temos de enfrentar o paradoxo de nossa própria solidão.

Conclusão

Realizei um longo percurso. Transitei por diferentes regiões do conhecimento e da produção cultural. Não tive a pretensão, em nenhum momento, de desenvolver um tratado sobre a solidão, mas, sim, apontar caminhos, direções de pesquisa que pudessem elucidar essa importante dimensão da existência humana.

A abrangência deste estudo não visou um aprofundamento em cada uma das áreas transitadas, mas ilustrar sua interdependência, de modo que a solidão pudesse ser compreendida em sua multiplicidade. Multiplicidade que se expressa tanto na diversidade das experiências, como na das suas determinações.

Assim, observamos os múltiplos sentidos que a solidão assume ao longo da história e as suas particularidades na modernidade tardia e na atualidade.

Os "circuitos da solidão" constituíram-se como um modo útil de pesquisar a solidão em relação a eixos constitutivos do sujeito psíquico. Permitiram a elucidação de processos significativos em cada modalidade e, acredito, poderão ser importantes na compreensão de outros estados de solidão não estudados neste trabalho.

Retomei a dimensão cultural como constitutiva do psiquismo e aceitei o desafio, como psicanalista, de pesquisar as particularidades dos modos de subjetivação na atualidade como elementos não dissociáveis de nossa clínica.

A solidão na atualidade revelou ser ponto de convergência do alheamento do sujeito, de crises de valores e de identidades na sociedade moldada por valores narcisistas. Assim, torna-se sintoma desse mal-estar. Isso nos conduz a pensar na importância deste contexto para a psicanálise como experiência singular e singularizante, na qual o indivíduo enfrenta suas angústias de solidão na presença de um outro, na busca de saídas menos encapsuladoras, fóbicas ou fusionais para seu existir.

O analista, mergulhado na mesma cultura de seus analisandos, não poderá se tornar alheio ao mal-estar. Correndo o risco de desenvolver uma prática tecnicista, ele é convocado a refletir com seus pares sobre o destino teórico-clínico da psicanálise frente à alienação da subjetividade no mundo contemporâneo.

Referências

Abraham, N. & Torok, M. (1995). O objeto perdido do ego. Notas sobre a identificação endocríptica. In N. Abraham, & M. Torok, *A casca e o núcleo* (M. F. Coracini, Trad.). Escuta.

Anzieu, D. (1987). Antinomies de la solitude. *Nouvelle Revue de Psychanalyse*, (36), 123-128.

Arendt, H. (2001). *A condição humana* (R. Raposo, Trad.). Forense Universitária. (Trabalho original publicado em 1958)

Arfouilloux, J.-C. (1987). Celui qui ne cessait de m'accompagner. *Nouvelle Revue de Psychanalyse*, (36), 143-159.

Ariès, P. (1991). Por uma história da vida privada. In P. Ariès, & R. Chartier, *História da vida privada: da renascença ao século das luzes* (H. Feist, Trad.). Companhia das Letras. (Trabalho original publicado em 1986)

Assis, M. de. (2001). O espelho: esboço de uma nova teoria da alma humana. In M. Assis, *Melhores contos*. Global.

Assoun, P. L. (1998). Métapsychologie de la solitude: clinique de l'être-seul. *Topique. Revue freudienne*, *64*, 75-86.

Baudelaire, C. (1985). *As flores do mal* (I. Junqueira, Trad.). Nova Fronteira. (Trabalho original publicado 1857)

Bégoin, J. (1984). Présentation; quelques repères sur l'évolution du concept d'identification. *Revue Française de Psychanalyse*, 483-490.

Benjamin, W. (2000). *Charles Baudelaire: um lírico no auge do capitalismo*. Brasiliense.

Berenstein, I. (1988). *Família e doença mental*. Escuta.

Bion, W. R. (1962). A theory of thinking. *Int. J. Psych.*, 43, 306-310.

Bion, W. R. (1993). The imaginary twin. In W. R. Bion, *Second thoughts*. Karnac. (Trabalho original publicado em 1967)

Birman, J. (1999). O mal-estar na modernidade e a psicanálise. In J. Birman, *Mal-estar na atualidade: novas formas de subjetivação*. Civilização Brasileira.

Birman, J. (2000). A psicanálise e a crítica da Modernidade. In R. Hertzog, *A psicanálise e o pensamento moderno*. Contracapa.

Blechmar, S. (1984). *En los orígenes del sujeto psíquico*. Amorrortu.

Canevacci, M. (1982). *Dialética da família*. Brasiliense

Carone, M. (2001, ago. 11). As tramas do amor. *Folha de S.Paulo: Jornal de Resenhas*.

Carvalho, A. C. (1999). É possível uma crítica literária psicanalítica? *Percurso*, 22, pp. 59-68.

Carvalho, S. L. T. (1995). Lonely Sweet Home, solidão e modernidade. [Dissertação de mestrado]. Universidade de São Paulo.

Chartier, R. (1991). As práticas da escrita. In P. Ariès, & R. Chartier, *História da vida privada: da renascença ao século das luzes* (H. Feist, Trad.). Companhia das Letras. (Trabalho original publicado em 1986)

Chauí, M. (1997). *Convite à filosofia*. Ática.

Costa, J. F. (1999). *Sem fraude nem favor* – Estudos sobre o amor romântico. Rocco.

Dolto, F. (1995). *Solidão* (I. C. Benedetti, Trad.). Martins Fontes.

Duby, G. (1991). A solidão nos séculos XI-XIII. In G. Duby (Org.), *História da vida privada: da Europa feudal à Renascença* (M. L. Machado, Trad.). Companhia das Letras. (Trabalho original publicado em 1985)

Dumont, L. (2000). *O individualismo* (A. Cabral, Trad.). Rocco. (Trabalho original publicado em 1983)

Elias, N. (1994a). *O processo civilizador* (Vol. 1 e 2, R. Jungman, Trad.). Jorge Zahar. (Trabalho original publicado em 1939)

Elias, N. (1994b). *A sociedade dos indivíduos* (V. Ribeiro, Trad.). Jorge Zahar.

Enriquez, E. (1998). De la solitude imposée à une solitude solidaire. *Topique. Revue Freudienne,64*, 5-24.

Fairbairn, R. (1980). Uma revisão da psicopatologia das psicoses e psiconeuroses. In R. Fairbairn, *Estudos Psicanalíticos revisados* (E. Nick, Trad.). Interamericana. (Trabalho original publicado em 1941)

Figueira, S. (1987). *Uma nova Família?* Jorge Zahar.

Figueiredo, L. C. (1992). *A Invenção do psicológico: quatro séculos de subjetivação 1500-1900*. Escuta/Educ.

Figueiredo, L. C. (2002). O tempo na pesquisa dos processos de singularização. *Psicologia Clínica, 14*(2), 15-33.

Foucault, M. (1987). *Vigiar e punir: nascimento da prisão*. Vozes.

Freud, S. (1986a). El creador literário y el fantaseo. In S. Freud, *Obras completas* (Vol. 9, J. L. Etcheverry, Trad.). Amorrortu. (Trabalho original publicado em 1908)

Freud, S. (1986b). Duelo y melancolía. In S. Freud, *Obras completas* (Vol. 14, J. L. Etcheverry, Trad.). Amorrortu. (Trabalho original publicado em 1917)

Freud, S. (1986c). De guerra y muerte. In S. Freud, *Obras completas* (Vol. 14, J. L. Etcheverry, Trad.). Amorrortu. (Trabalho original publicado em 1915)

Freud, S. (1986d). Inibición, sintoma y angústia. In S. Freud, *Obras completas* (Vol. 20, J. L. Etcheverry, Trad.). Amorrortu. (Trabalho original publicado em 1926)

Freud, S. (1986e). Introducción del narcisismo. In S. Freud, *Obras completas* (Vol. 14, J. L. Etcheverry, Trad.). Amorrortu. (Trabalho original publicado em 1914)

Freud, S. (1986f). El malestar en la cultura. In S. Freud, *Obras completas* (Vol. 21, J. L. Etcheverry, Trad.). Amorrortu. (Trabalho original publicado em 1930)

Freud, S. (1986g). La moral sexual "cultural" y la nerviosidad moderna. In S. Freud, *Obras completas* (Vol. 9, J. L. Etcheverry, Trad.). Amorrortu. (Trabalho original publicado em 1908)

Freud, S. (1986h). Nuevas conferências de introducción al psicoanálisis. In S. Freud, *Obras completas* (Vol. 22, J. L. Etcheverry, Trad.). Amorrortu. (Trabalho original publicado em 1933)

Freud, S. (1986i). Lo ominoso. In S. Freud, *Obras completas* (Vol. 17, J. L. Etcheverry, Trad.). Amorrortu. (Trabalho original publicado em 1919)

Freud, S. (1986j). Psicología de las masas y análisis del yo. In S. Freud, *Obras completas* (Vol. 18, J. L. Etcheverry, Trad.). Amorrortu. (Trabalho original publicado em 1921)

Freud, S. (1986k). El porvenir de una ilusión. In S. Freud, *Obras completas* (Vol. 21, J. L. Etcheverry, Trad.). Amorrortu. (Trabalho original publicado em 1927)

Freud, S. (1986l). Tres ensayos para una teoría sexual. In S. Freud, *Obras completas* (Vol. 7, J. L. Etcheverry, Trad.). Amorrortu. (Trabalho original publicado em 1905).

Freud, S. (1986m). Totém y tabú. In S. Freud, *Obras completas* (Vol. 9, J. L. Etcheverry, Trad.). Amorrortu. (Trabalho original publicado em 1913)

Freud, S. (1986n). El yo y el ello. In S. Freud, *Obras completas* (Vol. 19, J. L. Etcheverry, Trad.). Amorrortu. (Trabalho original publicado em 1923)

Gay, P. (1999). *O coração desvelado* (S. Bath, Trad.). Companhia das Letras.

Gibeault, A. (1993). *Destino da simbolização. Ide*, 23, 88-101.

Giddens, A. (1991). *As consequências da modernidade*. (R. Fiker, Trad.). Unesp.

Giddens, A. (1997). A vida em uma sociedade pós-tradicional. In U. Beck, *Modernização reflexiva* (M. Lopes, Trad.). Unesp.

Green, A. (1988a). O analista, a simbolização e ausência no contexto analítico. In A. Green, *Sobre a loucura pessoal* (C. A. Pavanelli, Trad.). Imago.

Green, A. (1988b). *Narcisismo de vida, narcisismo de morte* (C. Berliner, Trad.). Escuta.

Gusdorf, G. (1976). *La naissance de la conscience romantique au siècle de Lumières*. Payot.

Handke, P. (1985). *A mulher canhota* (L. Luft, Trad.). Brasiliense. (Trabalho original publicado em 1976)

James, H. (1997). *A fera na selva* (F. Sabino, Trad.). Rocco.

Joseph, B. (1982). Addiction to near-death. *Int. J. Psycho-Anal.*, 63, 449.

Joseph, B. (1983). On understanding and not understanding some technical issues. *Int. J. Psycho-Anal.*, 64, 291.

Kafka, F. (1999). *A construção* (M. Carone, Trad.). Companhia das Letras. (Trabalho original publicado em 1923)

Katz, C. (1996). *O coração distante: ensaio sobre a solidão positiva*. Revan.

Khan, M. (1991). Infancia, soledad y locura. In M. Klein, *Locura y soledad*. Lugar Editorial. (Trabalho original publicado em 1983)

Klein, M. (1991). Sobre o sentimento de solidão. In M. Klein, *Inveja e gratidão*. Obras completas vol. III. Imago. (Trabalho original publicado em 1963)

Kureishi, H. (2000). *Intimidade* (C. Nogueira, Trad.). Companhia das Letras.

Lacan, J. (1971). El estádio del espejo como formador de la función del yo tal como se nos revela en Ia experiencia psicoanalítica. In J. Lacan, *Escritos*. Síglo XXI. (Trabalho original publicado em 1949)

Laplanche, J. (1974). Panel on "Hysteria today". *Int. J. Psycho-Anal.*, 55, 459.

Lasch, C. (1983). *A cultura do narcisismo* (E. P. Moura, Trad.). lmago. (Trabalho original publicado em 1979)

Lebrun, F. (1991). As reformas: devoções comunitárias e piedade pessoal. In P. Ariès, & R. Chartier, *História da vida privada: da renascença ao século das luzes*. Companhia das Letras. (Trabalho original publicado em 1986)

Lipovetsky, G. (1983). *A era do vazio*. (M. S. Pereira & A. L. Faria. Trads.). Antropos.

Locke, J. (1991). *Os pensadores*. Nova Cultural.

Loureiro, I. (2001). *O carvalho e o pinheiro: Freud e o estilo romântico*. Escuta/Fapesp.

Löwy, M., & Sayre, R. (1992). *Revolta e melancolia: o romantismo na contramão da modernidade*. Vozes.

Marton, S. (2000). Silêncio, solidão. *Cadernos Nietzsche*, 9, 79-105.

Masson, J. M. (Org.). (1986). *A correspondência completa de Sigmund Freud para Wilhelm Fliess – 1887-1904* (V. Ribeiro, Trad.). Imago.

Maupassant, G. (1986). *O Horla* (M. Quintana, C. Fernandes, & J. Martins, Trads.). Globo.

Mezan, R. (2002). Subjetividades contemporâneas. In R. Mezan, *Interfaces da psicanálise*. Companhia das Letras.

Pereira, M. E. C. (1999). *Pânico e desamparo: um estudo psicanalítico*. Escuta.

Perrot, M. (1997). *História da vida privada: da Revolução Francesa à Primeira Guerra* (D. Bottmanne & B. Joffily, Trads.). Companhia das Letras. (Trabalho original publicado em 1987)

Poe, E. A. (1978). O homem da multidão. In A. B. H. Ferreira, A., & P. Rónai (Orgs.), *Mar de Histórias* (Vol. 3, p. 225). Nova Fronteira.

Polanyi, K. (2000). *A grande transformação*. Campus. (Trabalho original publicado em 1944)

Quinodoz, J.-M. (1993). *A solidão* domesticada: a angústia de separação em psicanálise. Artes Médicas.

Rank, O. (2013). *O duplo: um estudo psicanalítico* (E. L. Schultz, Trad.). Dublinense. (Trabalho original publicado em 1914)

Rosalato, G. (1974). Psicopatologia de la soledad. In G. Rosalato, *Ensayos sobre lo simbólico*. Anagrama.

Rosenfeld, H. (1989). Uma abordagem clínica à teoria psicanalítica das pulsões de vida e de morte: uma investigação dos aspectos agressivos do narcisismo (M. Leandro & L. R. Aratangy, Trads.). In M. Klein, *Evoluções*. Escuta. (Trabalho original publicado em 1971)

Rousseau, J. J. (1995). *Devaneios de um caminhante solitário*. 3ª ed. Editora da UnB. (Trabalho póstumo publicado originalmente em 1782)

Roudinesco, E. (2003). *A família em desordem*. Zahar.

Santaella, L. (1995). *A teoria geral dos signos*. Ática.

Sayre, R. (2001). *Solitude in society*. Replica Books.

Schnaiderman, R. (1984). Política de formação em psicanálise: alinhavando algumas anotações de leitura. *Percurso*, *1*(1), 11-14.

Schorske, C. E. (1988). *Viena fin-de-siècle: política e cultura* (D. Bottmann, Trad.). Companhia das Letras/Unicamp. (Trabalho original publicado em 1961)

Segal, H. (1990). Nota sobre a formação de símbolo. In H. Segal, *Melanie Klein hoje*. Imago. (Trabalho original publicado em 1954)

Sennett, R. (1998). *O declínio do homem público* (L. A. Watanabe, Trad.). Companhia das Letras. (Trabalho original publicado em 1974)

Simmel, G. (1971). The metropolis and mental life. In G. Simmel, *On individuality and social forms*. University of Chicago Press.

Simmel, G. (1998a). O dinheiro na cultura moderna. In J. Souza, & B. Oëlze (Orgs.), *Simmel e a modernidade*. UnB.

Simmel, G. (1998b). O indivíduo e a liberdade. In J. Souza, & B. Oëlze (Orgs.), *Simmel e a modernidade*. UnB.

Tanis, B. (1995). *Memória e temporalidade: sobre o infantil em psicanálise*. Casa do Psicólogo.

Watt, I. (1997). *Mitos do individualismo moderno* (M. Pontes, Trad.). Jorge Zahar.

Winnicott, W. (1958). A capacidade de estar só. In D. W. Winnicott, *O ambiente e os processos de maturação* (I. C. S. Ortiz, Trad.). Artes Médicas.

Zygouris, R. (1995). A alma gêmea, o duplo domesticado. In R. Zygouris, *Ah! As belas lições* (C. Koltai, Trad.). Escuta.

Bibliografia

Adorno, T. W. (1982). Sociologia da Família. In M. Canevacci (Ed.), *Dialética da família*. Brasiliense.

Atlas, I. (1990). *Solidão da palavra ao sentido* [Tese de doutorado]. Pontifícia Universidade Católica de São Paulo,

Auster, P. (1999). *A invenção da solidão*. Companhia das Letras.

Birman, J. (1993). *La fundación de lo inconsciente*. Amorrortu.

Costa, J. F. (2000). Prefácio. In M. R. Kehl (Org.), *Função fraterna*. Relume Dumará.

Ferenczi, S. (1913). O desenvolvimento do senso de realidade e seus estádios. In S. Ferenczi, *Obras Completas. Psicanálise 2*. Martins Fontes.

Gibeault, A. (1989). Destins de la symbolisation. *Revue Française de Psychanalyse*, 53(6), 1493-1617.

Giddens, A. (1995). *Transformações da intimidade* (R. M. Perz, Trad.). Celta.

Green, A. (1995). *El lenguaje en el psicoanálisis*. Amorrortu.

Herrmann, F. (1991). *Clínica psicanalítica*. Brasiliense.

Herrmann, F. (1999). A paixão do disfarce. In F. Herrmann, *A Psique e o Eu*. Hepsyche.

Imbasciati, A. (1998). *Afeto e representação*. Ed. 34.

Jones, E. (1916). The theory of symbolism. In *Papers on Psycho-Analysis*.

Klein, M. (1930). The importance of symbol formation in the development of the ego. In M. Klein, *Contributions to Psycho-Analysys*. Hogart Press.

Laplanche, J. (1987). *A angústia* (A. Cabral, Trad.). Martins Fontes. (Trabalho original publicado em 1980)

Laplanche, J. (1988). *Castração e simbolizações* (A. Cabral, Trad.). Martins Fontes. (Trabalho original publicado em 1980)

Melsohn, I. (1991). Notas críticas sobre o inconsciente: sentido e significação. *Ide*, *21*, 18-47.

Mezan, R. (1993). Do auto-erotismo ao objeto: a simbolização segundo Ferenczi. *Percurso*, *10*,19-30.

O'Dwyer de Macedo, H. (1998). La théorie qui dit oui et la théorie qui dit non. *Topique*, *64*, 87.

Outeiral, J. (1991). Sobre a capacidade de estar só. In *Donald Winnicott*: estudos. Artes Médicas.

Quinodoz, J.-M. (1996). The sense of solitude in the psychoanalytic encounter. *Int. J. Psycho.*, *77*, 481-496.

Riesman, D. (1995). *A multidão solitária* (R. R. Krausz, & J. Guinsburg, Trads.). Perspectiva. (Trabalho original publicado em 1950)

Rodrigué, E. (1955). Revisión del simbolismo. *Revista de Psicanálisis*, *12*, 522-533.

Safra, G. (1999). *A face estética do self*. Unimarco.

Todorov, T. (1977). *Teorias do símbolo*. Papirus.

Winnicott, D. W. (1975). O papel do espelho da mãe e da família no desenvolvimento infantil. In D. W. Winnicott, *O brincar e a realidade*. Imago. (Trabalho original publicado em 1971)

Winnicott, W. (1982). *Da pediatria à psicanálise* (J. Russi, Trad.). Francisco Alves.